BIBLIOTHÈQUE CONTEMPORAINE

FRANCISQUE SARCEY

LE MOT

ET

LA CHOSE

PARIS

MICHEL LÉVY FRÈRES, LIBRAIRES ÉDITEURS

RUE VIVIENNE, 2 BIS, ET BOULEVARD DES ITALIENS, 15

A LA LIBRAIRIE NOUVELLE

1863

A M. EMILE CHEVÉ

Monsieur et cher maître,

Permettez-moi d'inscrire votre nom au frontispice de cet humble volume. C'est une bien faible manière de vous témoigner ma reconnaissance pour vos excellentes leçons; mais vous n'en avez jamais voulu souffrir d'autre.

Je suis un de ceux qui vous devront le plaisir de pouvoir connaître par eux-mêmes et lire à livre ouvert les mélodies des vieux maîtres et des maîtres modernes. Grâce à l'incomparable méthode que vous avez reçue des mains de Galin, et que vous propagez avec un dévouement si admirable, vous avez mis une des organisations les plus rebelles à la musique en état de comprendre, d'aimer et de déchiffrer les chefs-d'œuvre de Mozart et de Rossini.

J'avais déjà trente-trois ans, et la musique était restée pour moi lettre close. Tous les professeurs qui s'étaient essayés sur moi y avaient perdu leur temps et leurs efforts. Vos leçons ont fait, en quelques mois et sans peine, ce dont personne n'avait jusque-là pu venir à bout. J'ai vu s'ouvrir à mes yeux les trésors de mélodie qui m'avaient toujours été fermés. J'en suis aujourd'hui en pleine possession; et il ne m'arrive jamais d'en jouir sans vous rapporter tout le plaisir que j'éprouve.

J'espère qu'en dépit d'oppositions aveugles ou intéressées, cette merveilleuse méthode sera bientôt adoptée du grand public et fera une révolution dans l'enseignement musical. Pour moi qui en connais l'efficacité singulière, j'en souhaite le succès de tout mon cœur, et je serais heureux si votre nom, mis en tête de ce livre, pouvait en hâter l'avénement d'un seul jour!

Le temps n'est pas loin où tout le monde voudra avoir été pour quelque chose dans le triomphe de la *Méthode*. Je veux prendre date; je veux qu'on dise en parlant de moi : C'est un *Cheviste* de la veille.

Je vous prie, Monsieur et cher maître, d'agréer l'expression de ma vive reconnaissance et l'assurance de mon affection toute dévouée.

FRANCISQUE SARCEY.

PRÉFACE

Avez-vous lu les *Considérations sur les mœurs*, de Duclos? Probablement, non; l'homme est fort connu, le livre ne l'est guère. Duclos est un de ces écrivains dont le nom survit à leur œuvre.

C'était, de son temps, un homme considérable dans la littérature; secrétaire de l'Académie française, fort célèbre pour le débraillé de sa vie et le piquant de ses reparties brusques. C'est à lui que la duchesse de Châteauneuf disait un jour : « Oh! vous, Duclos, vous avez votre paradis en ce monde; du pain, du fromage et la première venue, voilà tout ce qu'il vous faut. » Chamfort nous a conservé beaucoup de ses mots; quelques-uns sont bien salés, et n'ont pu être dits que dans ce siècle aimable où l'esprit faisait tout passer.

Duclos a peu écrit; car on était homme de lettres à bon marché en ce temps-là. On se faisait une réputation de bel esprit et de poëte avec un madrigal bien tourné. Le meilleur de ses œuvres tient dans un volume assez mince, et, de toutes celles qui ont un vrai mérite, il n'y en a qu'une, à vrai dire, dont le titre ait surnagé, c'est le livre des *Considérations sur les mœurs*. On en parle encore, on ne le lit plus.

Les *Considérations sur les mœurs* sont un traité de morale. Chaque siècle a les siens, qu'il dévore avec une joie maligne, pour les peintures satiriques qui s'y rencontrent d'ordinaire; vient ensuite la génération suivante, qui a d'autres idées, d'autres mœurs, d'autres ridicules; elle jette les moralistes de l'âge précédent dans un coin de sa bibliothèque, comme elle met au grenier le portrait de son grand-père, à moins que, par hasard, il ne soit de la main d'un grand peintre.

Madame de Sévigné conte à sa fille qu'elle étudiait avec passion les traités de Nicolle. Les lirait-elle aujourd'hui avec le même plaisir, si elle revenait au monde? Cela est au moins douteux. Je ne sais plus guère à cette heure que M. de Sacy qui puisse se plaire à un volume de Nicolle; mais M. de Sacy est un homme du XVIIe siècle égaré dans le nôtre.

Les *Considérations sur les mœurs* ont perdu beaucoup de leur piquant en perdant la fleur de leur nouveauté. Elles sont encore, néanmoins, d'une lecture agréable, et ce qui leur mériterait surtout d'être tirées de l'oubli où elles commencent à tremper, c'est le point de vue particulier où l'écrivain s'est mis pour traiter son sujet, et la façon tout à fait originale dont il l'a envisagé.

Les moralistes ont ordinairement pour premier objet de peindre les mœurs des hommes et d'en montrer, sous de vives couleurs, les côtés ridicules. Ils s'attaquent directement aux vices et aux travers qui leur tombent sous la plume. Duclos n'arrive là que par un détour ingénieux et qui vaut la peine qu'on le signale.

Il prend un mot de la langue de son temps, *honnête homme*, par exemple. Il fait observer que ce mot n'apporte plus à l'esprit les mêmes idées qu'il lui donnait soixante ans auparavant; qu'il s'est peu à peu vidé de sa signification première, pour s'emplir en quelque façon d'un sens nouveau. L'étiquette est restée la même, la liqueur du vase a changé. Pourquoi cela?

C'est qu'apparemment les mœurs ont changé aussi; les vertus ou les qualités qui constituaient *l'honnête homme* il y a soixante ans ne sont plus celles qu'on lui demande aujourd'hui. Le mot reste comme un témoin d'une morale disparue, et le signe d'une nouvelle morale. L'écrivain tire de l'analyse et de l'histoire bien faites d'un seul mot tout un curieux chapitre des *Considérations sur les mœurs*.

Il en trouve d'autres qui ne sont pas moins instructifs quand il se met à disséquer un néologisme. Ainsi le voilà qui s'empare du mot *espèce*, qui venait alors d'entrer dans la langue, pour signifier un homme de rien qui se donne des airs d'être quelque chose. Pourquoi ce terme nouveau? C'est que la chose est en effet nouvelle, et Duclos s'en donne à cœur joie sur les *espèces* de son temps, qu'il compare aux grands seigneurs. Il dit à quels signes on les reconnaît, et ce qu'on en doit penser.

Duclos n'a point poussé son idée jusqu'au bout; il n'en a guère tiré que trois ou quatre chapitres, fort spirituels d'ailleurs. Mais elle n'en est pas moins fort originale, et elle mériterait d'être reprise. L'Académie fait en ce moment un Dictionnaire historique de la langue; c'est sans aucun doute un excellent travail. Il est curieux, en effet, de voir à quelle époque un mot est né, quels écrivains s'en sont servis et quand il a disparu. Ces renseignements, que l'illustre compagnie rassemble avec tant de peine, sont utiles et intéressants. Mais un dictionnaire tel que l'avait entrevu Duclos, serait plus instructif et plus agréable à la fois. On y trouverait, par ordre alphabétique, une histoire des mœurs de la nation française; chaque mot serait comme un irrécusable témoin qui viendrait, à son tour, raconter les vertus, les vices ou les ridicules de la génération qui l'a ou créé, ou négligé, ou laissé perdre.

Les gens superficiels croient toujours que, si un terme disparaît de l'usage, ou si un autre a tout à coup un succès de vogue, c'est que la mode est changeante pour la langue comme pour le reste. Horace l'a dit en vers charmants; la Bruyère l'a répété en excellente prose, et bien d'autres après eux. Cela peut être vrai pour un petit nombre de mots qui n'ont pas grande importance. Que *ains* ait été remplacé par *mais*, *moult* par *beaucoup* et *heur* par *malheur*, ce n'est là sans doute qu'une affaire de mode. Mais presque toujours ces changements ont des causes plus profondes. Il en faut chercher les racines jusque dans l'histoire du peuple qui les a faits ou subis. Si le mot *courtois* s'en est allé de la conversation, croyez-vous qu'il faille s'en prendre uniquement à la mode? N'est-ce pas plutôt que l'ensemble des qualités qu'exprimait ce mot a disparu de la société avec l'ancien régime? 89 a été une révolution dans la langue comme dans le pays; bien des mots ont péri de mort violente; d'autres ont émigré et sont ensuite rentrés dans leurs biens; quelques-uns vivent encore, vieux, ridés, rabougris, ratatinés : ils passeront bientôt.

La langue est ainsi dans un perpétuel *devenir*, comme disent les philosophes. Beaucoup de mots ont changé de sens; d'autres sont en train seulement; ils flottent incertains entre le sens qui finit et celui qui commence; la foule, qui s'en sert dans les deux acceptions, applique le même terme à des idées toutes différentes, et de là des méprises, des équivoques, qui deviennent, pour le moraliste comme pour le philologue, de grands sujets de réflexions.

Quelques-uns ne font que de naître; le dictionnaire les signale comme des néologismes, et l'Académie les repousse. Que faut-il penser de ces nouveaux venus?

Doivent-ils définitivement prendre rang dans la bonne compagnie? ou bien ne sont-ils que de hardis aventuriers, sortis on ne sait d'où, qui après avoir fait un certain bruit dans le monde, doivent rentrer dans l'obscurité, d'où les avait tirés un caprice du hasard?

Les termes n'ont pas seulement une valeur relative à la place qu'ils occupent dans la phrase; ils ont aussi une valeur propre, tout à fait indépendante des autres mots qui les entourent. Il y en a de beaux, qui brillent et sonnent comme une pièce d'or toute neuve; il y en a d'autres, au contraire, sans relief, sans couleur, qui ont l'apparence de la fausse monnaie.

Et si vous vous demandez d'où viennent ces différences, vous verrez, après y avoir réfléchi, que chez quelques-uns, c'est le rapport du son avec l'idée qui en fait le charme; que d'autres ont, dans la façon dont leurs syllabes sont coupées, une allure martiale et fière qui séduit les yeux; que le plus grand nombre se présente accompagné d'un cortége d'idées qui leur donne une physionomie particulière. On ne peut nier que les termes ne se sentent du lieu où ils sont nés. Les uns sortent d'une étable, et gardent comme une odeur de fumier; d'autres ont vu le jour dans les salons de la bonne compagnie, et semblent traîner après eux le bruissement des robes de soie. Il y en a de vilains, il y en a d'aristocratiques, il y en a de bourgeois. Tel était vilain en naissant, qui a été décrassé par un grand écrivain; tel autre, dont le nom remontait aux croisades, s'est encanaillé à la halle ou dans les mauvais lieux.

Vous voyez des mots qui sont venus au monde droits, gracieux et frais, comme un bon gros garçon bien bâti. D'autres, en revanche, sont nés estropiés, malingres, bossus ou bancroches. Ce sont quelquefois ceux-là qu'on chérit le plus. On finit par s'y habituer, on les trouve ensuite les plus jolis du monde.

Ces révolutions de la langue sont intéressantes pour les gens qui pensent, et l'histoire ne s'en trouve dans aucun dictionnaire. J'ai essayé d'en écrire quelques fragments. C'est le livre que je présente aujourd'hui au public.

Je sais bien que ce livre n'est pas complet, et il ne peut pas l'être. Outre qu'une histoire morale de la langue serait infinie, si l'on ne voulait oublier aucun mot, il faudrait encore la recommencer tous les vingt ans. Elle serait comme le dictionnaire même de l'Académie, dont Lebrun disait si plaisamment :

> On fait, défait, refait ce beau dictionnaire,
> Qui, toujours très-bien fait, reste toujours à faire.

FRANCISQUE SARCEY.

LE MOT ET LA CHOSE

I

MAITRESSE — AMANT

> Si tu veux être ma maîtresse,
> Je veux bien être ton amant;
> Mais souviens-toi, jeune drôlesse,
> Que tu n'auras jamais d'argent.

Ainsi chantaient, il y a une vingtaine d'années, les jeunes gens du vieux quartier Latin. Je ne cite point ce couplet pour l'exquise urbanité de son langage. Ce sont là des vers d'étudiants, qui sentent un peu le vin et tout ce qui s'ensuit; mais on y voit à plein, et dans toute sa laideur, ce que nous entendons aujourd'hui par *amant* et *maîtresse*.

Ces deux jolis mots, si bien faits pour exprimer

l'amour, ne marquent plus que la possession. Une femme est déshonorée quand on dit d'elle qu'elle a un *amant;* personne n'hésite à ce terme. On sait qu'il n'indique jamais un simple désir, mais un fait. Un homme clôt la série de ses confidences sur une femme, en disant qu'elle est ou qu'elle a été sa *maîtresse.* Ce dernier mot comprend tout; il exprime nettement, et de la façon la plus claire pour tout le monde, le triomphe complet de l'homme, l'entier abandonnement de la femme. Je ne crois pas qu'aujourd'hui, dans la conversation au moins, ces deux termes soient jamais pris en un sens moins vif; ils emportent toujours avec eux une idée de scandale.

Vous connaissez, j'imagine, *la Princesse de Clèves?* Vous avez lu ce délicieux roman d'une femme qui fut remarquée, dans le plus poli de tous les siècles, pour la bienséance et la grâce de son style? Madame de Clèves est la plus vertueuse, comme elle est la plus aimable des princesses. Elle ne pratique point la vertu par devoir; elle l'aime par un penchant qui lui est naturel. Cette belle personne, élevée, dès sa plus tendre enfance, dans l'habitude des sentiments délicats et nobles, craint l'ombre d'une pensée mauvaise, avec le même soin qu'elle fuirait un soupçon de tache sur ses vêtements. L'un et l'autre lui seraient déplaisants et la mettraient mal à l'aise. On la voit qui glisse dans la vie, pure, sereine, charmante, et comme enveloppée d'un air lumineux.

Elle rencontre M. de Nemours, et tout aussitôt elle sent au fond du cœur je ne sais quelle émotion tendre dont la sérénité de son âme est, pour la première fois, troublée. De quelle plume discrète madame de la Fayette n'a-t-elle pas pris plaisir à peindre ces premières et douteuses rougeurs d'un amour qui couve sourdement et va tout à l'heure éclore! Avec quelle grâce chaste elle rend ces nuances si fines de sentiments imprévus et mêlés!

Quand madame de Clèves avoue enfin à M. de Nemours ce qu'elle sent pour lui, voyez comme cet aveu si tendre se voile d'un langage qui en adoucit la force:

« Elle céda, pour la première fois, au penchant qu'elle avait pour M. de Nemours, et, le regardant avec des yeux pleins de douceur et de charme:

» — Je ne vous dirai point, lui dit-elle, que je n'ai pas vu l'attachement que vous avez eu pour moi : peut-être ne me croiriez-vous pas quand je vous le dirais. Je vous avoue donc, non-seulement que je l'ai vu, mais que je l'ai vu tel que vous pouvez souhaiter qu'il m'ait paru. »

L'amour brille doucement sous ces expressions si délicates, comme la pâle lumière d'une lampe à travers un albâtre transparent.

Vous savez le dénoûment de cette aimable histoire? Madame de Clèves a recours à son mari contre elle-même. Elle lui fait confession des sentiments qui l'agitent, et avec quelle pudeur de langage!... Elle semble n'entrevoir qu'à demi, dans les vapeurs du lointain, l'acte qui serait contraire à l'honnêteté de ses résolutions:

« Eh bien, monsieur, lui répondit-elle en se jetant à genoux, je vais vous faire un aveu qu'on n'a jamais fait à son mari; mais l'innocence de ma conduite et de mes intentions m'en donne la force. Il est vrai que j'ai des raisons de m'éloigner de la cour, et que j'en veux éviter les périls où se trouvent quelquefois les personnes de mon âge. Je n'ai jamais donné nulle marque de faiblesse, et je ne craindrais pas d'en laisser paraître, si vous me laissiez la liberté de me retirer de la cour, ou si j'avais encore madame de Chartres pour m'aider à me conduire. Quelque dangereux que soit le parti que je prends, je le prends avec joie, pour me conserver digne d'être à vous. Je vous demande mille pardons; si j'ai des sentiments qui vous déplaisent, du moins je ne vous déplairai jamais par mes actions. Songez que, pour faire ce que je fais, il faut avoir plus d'amitié et d'estime pour un mari que l'on n'en a jamais eu. Conduisez-moi, ayez pitié de moi, et aimez-moi, si vous pouvez. »

Jamais les héroïnes du chaste et noble Racine, jamais Monime elle-même n'a parlé un langage plus délicat et plus tendre à la fois. Eh bien, cette princesse de Clèves, que madame de la Fayette nous a peinte si réservée, si pudique, n'hésitait pas à dire de M. de Nemours, quand sa pensée se reportait vers lui, qu'il était son *amant*. M. de Nemours disait aussi de madame de Clèves, qu'elle était sa *maîtresse*, et ni l'un ni l'autre ne croyaient devoir en rougir. La fière Pauline elle-même parle à Polyeucte de son amant, et Sévère lui jure en pleurant qu'il ne saurait jamais avoir d'autre *maîtresse*.

Ces deux mots n'avaient donc pas, en ce temps-là, le

sens désagréable que l'usage leur a donné de nos jours.
C'est qu'aussi les mœurs ont terriblement changé.

Il y avait, dans l'ancienne société française, un certain nombre de personnes qui étaient nées riches, autant que nobles et puissantes, et qui, partant, ne connaissaient d'autre occupation au monde que de ne rien faire. Ces gens là avaient, tout comme nous, vingt-quatre heures à dépenser par jour, et point d'endroits où les dépenser. Les plaisirs, quand on en abuse, finissent par être des passe-temps où le temps ne passe plus si vite.

Il était fort naturel que l'amour devînt une occupation pour des hommes inoccupés. Les grands seigneurs mirent, par désœuvrement, le siège devant les belles dames, et ne furent pas très-pressés de le voir finir. Assiégeants et assiégées s'entendaient pour traîner la chose en longueur, et faire durer le plaisir plus longtemps. C'est le siècle où M. Montausier soupirait dix années pour la belle Julie. La ville de Troie n'avait pas été plus difficile à prendre. Tous les siéges n'étaient pas aussi longs que celui-là, mais tous se faisaient d'après de certaines règles savamment établies par les Vaubans de l'amour. Il y avait des approches, puis des parallèles, des mines, des contre-mines, et tout l'appareil des siéges réguliers. Le jour venait enfin où la place n'était plus tenable : la belle dame, après avoir aussi longtemps résisté qu'il le fallait pour l'honneur du drapeau, ou se rendait à discrétion ; cela s'appelait « battre la chamade ; » ou se laissait donner l'assaut, un dernier et définitif assaut, l'assaut général, et tombait sans retour aux mains de l'assiégeant.

Je me sers de métaphores militaires; c'est un tort. Rien ne ressemblait moins à un combat. Les beaux esprits du temps avaient comparé d'une façon bien plus exacte cette période des amours à un voyage d'agrément sur un fleuve dont les amoureux descendaient le cours. C'était le *fleuve du Tendre*. Il errait en détours capricieux, et ceux qui se laissaient porter à ses eaux n'arrivaient au but de leur voyage qu'après s'être arrêtés à tous les accidents de la route.

Il fallait, pour désigner les personnes qui entreprenaient de compagnie cette longue et charmante promenade, deux mots qui fussent aussi aimables que la promenade même. On les avait bien heureusement trouvés. On avait dit de l'homme qu'il était un *amant*. Qu'avait-il, en effet, autre chose à faire que d'*aimer*? N'était-ce pas sur cette unique occupation qu'il avait ramassé toutes les forces de son âme? Songeait-il à rien au monde qu'à son amour? Ne portait-il point sur ses vêtements les couleurs de sa dame, comme il avait son image au fond du cœur? N'en rêvait-il point la nuit? Avait-il dans le jour une heure qui ne fût parfumée de son souvenir! Et elle, on l'appelait sa *maîtresse*. Ne l'était-elle pas en effet? N'avait-il pas remis entre ses mains le destin de sa vie et le gouvernement de sa petite promenade? « Il vous plaît, madame, de vous arrêter ici; ce village vous semble coquettement posé sur la rive; un coup de rame, nous y voilà, et restons-y tout le temps qu'il vous sera agréable.

Vous voulez repartir, je suis à vos ordres. Le silence du soir et la fraîcheur de l'eau vous charment; vous aimez à les goûter en un plein repos, laissons la barque aller à la dérive, n'êtes-vous pas la maîtresse? Nous finirons bien toujours par arriver au terme de la route, et alors... alors... vous serez toujours la *maîtresse*. »

Mon Dieu! oui, le mot ne changeait point. Ces noms charmants dont on s'était servi tout le long du voyage, on les gardait encore après qu'il était fini. Pourquoi en chercher d'autres? ceux-là rappelaient le temps le plus heureux de l'amour, le temps où l'on espérait. Ils étaient comme un voile derrière lequel on cachait son bonheur aux yeux indiscrets et jaloux. Oui, la femme restait toujours la maîtresse, même après qu'elle s'était donnée au maître; l'homme restait toujours l'amant, même après que la possession pleine avait peut-être amorti les premiers feux de l'amour.

Beaux temps des longues et nobles amours, temps vraiment délicieux, vous avez disparu pour jamais. Tout cela est fini, et c'est à peine si nous le comprenons quand on nous le raconte. Nous sommes des plébéiens, et notre vie est une guerre, une guerre d'homme à homme, terrible, et qu'il nous faut soutenir du premier jour au dernier. Nous avons bien le temps de penser aux femmes! N'avons-nous pas notre pain à gagner, une place à conquérir ou à défendre, des amis à pousser, des ennemis à vaincre? Ne dépensons-nous pas tout ce que nous avons de forces et d'âme à des luttes incessantes? Et lors même que nous sommes arrivés à la fortune, que nous n'avons plus rien à espérer ni à craindre, croit-on que nous puissions revenir à ces habitudes de délicatesse qui étaient le charme de l'ancien régime? Nous avons été longtemps contraints à l'économie, à la défiance, à la ruse. Nous avons été, dès notre enfance, remplis de pensées d'argent. Nous sommes fils de pères qui les ont eues avant nous; elles ont, pour ainsi dire, passé dans notre sang. Nous avons tous les jours assisté à des actions grossières; nous en avons quelquefois peut-être pris nous-mêmes notre part. Nos femmes, si élégantes, si grandes dames que vous les supposiez, sont, à fort peu d'exceptions près, des bourgeoises et des ménagères. Le souci pressant de faire fortune et de vivre les empêche de s'arrêter aux nuances des sentiments.

Tout délai a déjà été supprimé pour le mariage. On se voit, on s'épouse, et tout est dit: à l'américaine; le nombre de jours où l'on *fait sa cour* est déterminé; le temps n'est pas loin où l'on ne fera plus même de cour; la chose disparaîtra, et l'expression ne survivra guère.

L'amour veut peut-être encore aujourd'hui une préface un peu plus longue. Nous n'en sommes pas encore aux accouplements fortuits des bêtes. Patience! nous nous acheminons vers cet âge d'or. L'homme n'a plus le temps ni le goût de faire un siége en forme; il somme la place de se rendre et donne l'assaut. Si la résistance est trop vive, il lève le siége et s'en va. Gagner le terrain pied à pied, espérer, attendre, cela était bon pour des gens qui avaient une vie moins affairée et des sentiments plus délicats. On ne veut plus de l'amour que la jouissance, parce qu'elle ne prend qu'une heure à la volée, et que la brutalité de nos mœurs s'en accommode aisément.

Le vieux sens des mots *amant* et *maîtresse* a tout naturellement péri avec les circonstances au milieu desquelles ils étaient nés. Le jour où l'on n'a plus consenti à *aimer* que la femme qu'on possédait, il est clair que le terme d'amant n'a plus dû marquer que la possession. Quand il a été convenu qu'on ne voulait pour *maîtresse* que la femme dont on était le *maître*, il est évident que le mot de maîtresse a éveillé dans l'esprit des idées d'humiliation et de scandale.

Cela est bien fâcheux. Car enfin il y aura toujours, au moins dans les régions charmantes et sacrées de la fantaisie, il y aura toujours des amants et des maîtresses. Et comment voulez-vous que nous les appelions, si vous nous salissez de sentiments ignobles ces mots si tendres, si délicats, si brillants d'une beauté chaste! Des amoureux? ah! le vilain mot! l'amoureuse! cela ne sent-il pas la rampe du théâtre? Pourquoi pas tout de suite la jeune première? Laissez-nous, je vous en prie, ces mots d'*amant* et de *maîtresse*.

Vous refusez? Vous n'oseriez demander à une jeune fille vertueuse des nouvelles de son amant, l'usage s'y oppose. Eh bien, soit! Je connais la tyrannie de l'usage. Mais faisons un compromis. Proscrivez ces mots de la conversation si bon vous semble; permettez-nous au moins de nous en servir dans les livres que nous écrivons. Toutes les fois que vous les verrez dans un roman, dépouillez-les, par la réflexion, des idées obscènes qui semblent les entourer dans le monde. Ce seront, comme dit Henry Monnier, des mots d'auteur; mais ils sont si aimables et si commodes! Pourrez-vous nous en donner d'autres qui les vaillent? N'êtes-vous pas honteux de ne les entendre qu'au sens où les prennent des étudiants en goguette, quand il chantent :

> Si tu veux être ma maîtresse,
> Je veux bien être ton amant ;
> Mais souviens-toi, jeune drôlesse,
> Que tu n'auras jamais d'argent.

II

BOHÈME — PHILISTINS.

(*Fragment d'un voyage autour du monde.*)

... Le vent qui nous avait poussés toute la nuit avec une violence extraordinaire, tomba un peu vers le matin. Le capitaine constata que nous avions dévié, durant la tempête, d'une vingtaine de milles environ, et donna des ordres pour qu'on se mît promptement en mesure de regagner le temps perdu. On entendit tout à coup le matelot qui était en vigie crier : « Terre ! terre ! » Nous courûmes tous sur le pont. Le capitaine examinait avec sa lorgnette une sorte de raie noire qui terminait l'horizon. Il donnait les marques de la plus vive surprise.

Il consulta ses cartes et se convainquit que sur aucune d'elles n'était marquée la terre que nous commencions à découvrir au loin. Il jeta l'ancre à une faible distance du bord, et détacha quelques hommes avec le canot, pour explorer le pays et en rapporter des nouvelles ; je fis partie de l'expédition.

Nous n'eûmes pas plus tôt abordé, que nous aperçûmes deux indigènes qui se dirigeaient vers le bord de la mer. Ils s'arrêtèrent en nous voyant, et nous marchâmes vers eux, en nous tenant sur la défensive ; car le capitaine nous avait recommandé la plus grande prudence.

Ces deux naturels pouvaient bien avoir de cinquante à soixante ans. Leur visage, qui n'avait d'ailleurs rien de remarquable, était singulièrement flétri, ridé, grimaçant. Ils portaient la barbe et les cheveux longs. Ils étaient vêtus à l'européenne ; mais ils avaient des chapeaux si gras, des bottes si éculées, des habits si râpés, et de si lamentables chemises, qu'il était facile de voir qu'ils avaient acheté ces objets lors du passage d'un navire, et n'avaient pu les renouveler. Ils paraissaient néanmoins très-fiers, et nous attendaient avec un air de majesté où il semblait qu'il y eût quelque mépris.

Je sais quelques mots de toutes les langues qui se parlent sur la surface de la terre. Ce fut donc moi qu'on chargea d'engager la conversation avec eux. Je les saluai tour à tour en chinois, en japonais, en javanais, en malais, en anglais, en espagnol, sans qu'ils parussent me comprendre. J'épuisai sans succès toutes les façons de dire *bonjour*, que donnent tous les vocabulaires du monde, sans en excepter celui de l'Académie française : ce fut peine perdue. Un incident sur lequel nous ne comptions guère nous tira d'embarras.

Nous avions avec nous, dans notre petite troupe, un Parisien facétieux, dont l'esprit consistait à répéter certaines phrases de mélodrame ou de vaudeville, avec le ton et le geste de l'acteur qui les avait mises à la mode.

— Attendez, nous dit-il, que je les interroge, moi aussi.

Et, se posant comme Frédérick Lemaître :

— Arrière, messeigneurs! ajouta-t-il d'une voix emphatique.

Ces simples mots produisirent un effet prodigieux sur les deux naturels. Nous les vîmes secouer la tête d'un air d'intelligence, et manifester la joie la plus vive. Je compris tout de suite, par ces deux termes, qui semblaient être de leur vocabulaire, quelle langue ils devaient entendre et parler. Je l'avais, par bonheur, étudiée quelque peu dans mon enfance, et je pus, dès lors, causer assez facilement avec eux.

Je leur demandai comment ils appelaient le pays où nous avaient poussés les hasards du vent. Ils nous dirent que c'était la *Bohème*, et nous assurèrent, avec une certaine fierté, qu'il n'y en avait point où l'on pût vivre plus heureux et plus libre. Ils nous proposèrent de nous le faire visiter, et nous acceptâmes avec plaisir.

Chemin faisant, je demandai à l'un d'eux quelle était sa profession dans le pays qu'il habitait.

— C'est d'avoir du génie, me répondit-il simplement.

Je fus un peu surpris, je l'avoue.

— Et votre camarade, est-ce aussi son métier d'avoir du génie? dis-je en souriant.

— Sans aucun doute, répliqua-t-il avec conviction.

— Ah çà! mais, m'écriai-je, c'est donc ici le métier de tout le monde?

— De tout le monde, en effet.

Je le regardai pour voir s'il plaisantait. Il semblait fort sérieux; on eût juré qu'il disait la chose la plus naturelle du monde. J'avais déjà vu, dans mes voyages, des hommes bien extraordinaires et des coutumes fort bizarres; mais je n'avais jamais ouï parler de rien de semblable.

Nous arrivâmes en face d'une espèce de grand caravansérail, qui n'avait au dehors aucun caractère d'architecture.

— C'est là que nous passons toutes nos journées, nous dirent-ils, et une grande partie de nos nuits.

Nous entrâmes, et nous fûmes saisis à la gorge d'une si violente odeur d'alcool et de tabac, que nous en tombâmes presque suffoqués. Nous nous remîmes peu à peu, et nous admirâmes comment des hommes pouvaient avoir du génie dans une atmosphère pareille. La fumée était fort épaisse, et nous ne pûmes rien distinguer d'abord; mais nos yeux finirent par s'habituer à ces ténèbres, et nous regardâmes avec curiosité la salle où nous étions.

Elle était fort grande, et toute coupée de petites tables, où pouvaient s'asseoir à la fois cinq ou six individus. Au fond, près de la porte, trônait sur une espèce d'estrade une femme d'un certain âge, qui paraissait être la reine du lieu. Toutes les tables étaient pleines d'hommes qui buvaient en fumant; ils criaient presque tous à la fois, ce qui ne laissait pas que de faire un beau tapage. Je remarquai avec étonnement qu'il n'y en avait pas un parmi eux qui n'eût passé la cinquantaine. Je me penchai vers un de nos guides :

— Est-ce que les jeunes gens de votre tribu sont partis pour quelque expédition lointaine? Je ne vois ici que des vieillards.

Notre hôte me regarda d'un air d'indignation profonde :

— Que parlez-vous de vieillards? dit-il avec un amer ricanement. Nous sommes tous jeunes : le génie n'a pas d'âge.

Je compris que j'avais dit une sottise. Il faut parler avec une grande circonspection chez des étrangers; on risque à chaque mot de blesser leurs préjugés ou de choquer leurs usages.

Notre entrée avait à peine été remarquée. Nous fûmes

pourtant aperçus de trois ou quatre de ces jeunes gens respectables. Ils vinrent serrer la main de nos guides, et demandèrent, avec une nuance de mépris, si nous étions des *Philistins*. Notre hôte s'empressa de répondre que nous étions des voyageurs qui couraient le monde pour s'instruire. Sur cette assurance, les nouveaux venus adoucirent l'expression de leurs visages, qui nous avait paru très-farouche; ils penchèrent leurs barbes vers nous, et, après nous avoir tendu la main, ils nous offrirent de boire avec eux.

Leurs liqueurs favorites sont la bière et l'absinthe. Quelques-uns mélangent ces deux boissons, et en font une abominable mixture, que nous fûmes contraints de goûter et que nous eûmes la politesse de déclarer délicieuse. Ils ont l'habitude d'en avaler de grands verres. Ils ne m'en parurent pas très-incommodés ce soir-là. Mais j'ai su depuis que cette liqueur était une espèce de poison qui les plongeait dans une ivresse hébétée ou furieuse, et qui avait fait tomber déjà plusieurs d'entre eux dans un abrutissement complet.

— Qu'est-ce que c'est que ces *Philistins*, dont vous parliez tout à l'heure? dis-je en posant mon verre sur la table.

Ils haussèrent tous ensemble les épaules avec un air de pitié.

— Je suis fâché, dit l'un d'eux, que ce mot m'ait sali la bouche. Les *Philistins* sont les derniers des hommes, des crétins, des goîtreux, et, pour tout dire d'un seul mot, des bourgeois. C'est une tribu ennemie, qui a l'honneur de nous fournir d'habits, de souliers et de pain, et que nous méprisons parfaitement. Ces gens-là n'ont pas de génie, et sont incapables de comprendre ceux qui en ont. Il faudra que je vous lise un poëme que j'ai l'intention de faire sur leur sottise et leur imbécillité. Vous verrez comme nous nous vengeons.

— Vous vous vengez! m'écriai-je; et de quoi? Je n'y comprends plus rien. J'aurais cru, au contraire, que vous aviez les plus grandes obligations du monde à des personnes qui vous nourrissent, qui vous habillent et vous chaussent. Il y a là quelque chose qui me semble bien bizarre.

Ils me regardèrent comme s'ils avaient compassion de mon ignorance; peut-être même m'auraient-ils donné l'explication que je demandais, mais nous fûmes distraits par l'arrivée d'une femme qui portait de vingt-cinq à quarante-cinq ans. Son visage était si fatigué, qu'on ne pouvait guère lui assigner d'âge. Elle avait les manières hardies et presque impudentes. A mesure qu'elle passait devant un groupe, on l'appelait, elle répondait en riant et buvait à chaque table dans la chope du premier qui la lui présentait. Elle avait une de ces voix éraillées et rogommeuses, sur lesquelles on dirait qu'il a passé des torrents de petits verres. Elle traînait une toilette aussi extravagante et aussi fanée qu'elle paraissait l'être elle-même.

Elle s'arrêta près de nous, et vint sans façon s'asseoir sur les genoux de notre hôte.

— Voilà nos anges, monsieur, me dit-il, voilà les consolatrices de nos chagrins, voilà les oiseaux qui chantent éternellement la chanson de nos amours printanières.

— Des bêtises! s'écria l'oiseau en avalant une chope dont la mousse couronnait les bords.

— Vous le voyez, monsieur, dit l'indigène d'un ton fort ému, elles sont toutes comme cela; sans elles, nous ne supporterions pas longtemps la vie qui nous est faite. Quand le vautour de l'idée nous a rongés tout un jour, nous appuyons notre tête sur leur épaule, et elles emportent nos douleurs.

La jeune femme se leva sur ces mots, et, se penchant sur le dos de ma chaise, elle me fit des agaceries où il était impossible de se méprendre.

— O ma bien-aimée! s'écria notre hôte d'un air extraordinairement mélancolique, ne m'enfoncez pas vos petits ongles roses dans la poitrine, vous me déchirez le cœur.

L'ange des consolations fourra ses doigts dans la poche de mon gilet et en tira quelques pièces d'or qu'elle fit jouer à la lumière; elle paraissait prendre plaisir à les contempler. Les yeux des indigènes se rapetissèrent à cette vue et devinrent fort tendres. L'un d'eux prit trois ou quatre souverains avec une certaine négligence de grand seigneur, les mit dans sa poche et me dit en souriant :

— Rassurez-vous, monsieur, je ne vous les rendrai jamais.

Je ne me fâchai point; car j'ai pour maxime, en voyage, qu'il faut se conformer aux mœurs des gens chez qui l'on se trouve. Au même instant, nous vîmes accourir un individu qui nous parut très-effaré. Il nous conta qu'un des leurs venait d'être saisi par les Philistins et traîné en prison. Mon voleur tira les pièces d'or de sa poche, les lui donna simplement.

— Voilà de quoi le racheter, dit-il, et buvons à l'anéantissement des Philistins.

Je craignais de m'enivrer, nous sortîmes. Je leur demandai de quoi ravitailler notre vaisseau qui avait épuisé ses provisions.

— Pour qui nous prenez-vous? répondirent-ils avec hauteur. Nous ne produisons rien.

— Eh quoi! rien?

— Rien absolument. Adressez-vous aux Philistins. En Bohême, il ne pousse que les fleurs de la poésie.

— Précisément, repris-je, nous savons par cœur la petite bibliothèque de notre capitaine. Nous serions bien aise d'emporter quelques-uns de vos ouvrages.

— Nos ouvrages! mais la loi de Bohême nous interdit d'en faire. Nous n'aurions plus le temps de penser, si nous nous mêlions d'écrire. Penser et rêver, c'est le fond de notre existence.

— De quoi vivez-vous donc? m'écriai-je.

— De privations, répliquèrent-ils avec dignité :

l'homme de la Bohême meurt de faim, s'il le faut ; mais il ne travaille pas. Il va pourrir dans la prison des Philistins, s'il s'est laissé prendre, mais il ne travaille pas. Il n'y a de déshonorant pour lui que de travailler. Le jour où il ferait si peu que rien, nous le mettrions à la porte, et il serait forcé de passer dans le camp des Philistins ; il serait payé par eux, estimé par eux ; il vivrait au milieu d'eux, riche, puissant, considéré : ce serait un homme perdu.

— Mais, enfin, quelle si grande nécessité de ne rien faire ?

Ils nous serrèrent la main avec un air de commisération :

— Allez chez les Philistins, nous dirent-ils, allez : vous êtes dignes de les comprendre.

Le fait est que nous y allâmes ; nous trouvâmes chez eux tout ce dont nous avions besoin, et même d'excellents livres que nous avons lus avec le plus grand plaisir. Nous fîmes là connaissance avec un homme fort aimable qui nous accompagna jusqu'à notre vaisseau, et dont j'ai encore le portrait dans mon album. Je lui parlai de la tribu à qui nous avions eu affaire, il sourit et haussa les épaules.

— Pourquoi ils ne font rien ? me dit-il. Eh ! cela est bien simple. C'est qu'ils ne peuvent rien faire. Il n'y a de paresseux que les impuissants.

Cela ne nous sembla point mal pensé pour un sauvage, qui de plus était Philistin. Nous continuâmes notre voyage. Je suis fâché de ne pas avoir ramené un naturel de ce pays étrange. L'Académie des sciences l'eût examiné et eût peut-être découvert que leurs idées bizarres tenaient à une conformation particulière de leur cerveau. Mais j'espère que quelque voyageur comblera cette lacune, regrettable pour la science. Je dirai, pour ceux qui voudraient retrouver cette terre, qu'elle est située par le 361° 5′ longitude et le 607° 8′ de latitude.

III

BOURGEOIS.

Vous dites d'un homme qu'il est honnête homme, et d'un autre, que c'est un gredin; tout le monde aussitôt sait ce que vous voulez dire. Ces expressions n'ont qu'un sens, qui est parfaitement net et défini. *Bourgeois* est, au contraire, un de ces mots amphibies, qui sont ou un éloge ou une injure, selon la personne qui s'en sert et la manière dont elle les prononce. Parcourez un peu, par curiosité, les locutions où entre ce terme de bourgeois, voyez dans quelles acceptions on le prend, vous vous convaincrez avec surprise qu'il enferme à la fois des idées toutes contraires, et qui, au premier abord, semblent incompatibles.

Vous n'ignorez pas, sans doute, que, si l'on vient à parler à des artistes d'un homme qui a beaucoup d'écus et peu de goût, ils ne manquent pas de le traiter de *bourgeois*. Bourgeois! cela s'entend : un sot, un âne, terme de mépris, cruelle injure.

Vous arrêtez un cocher, et vous montez dans sa voiture :

— Où faut-il vous conduire, mon bourgeois? dit le cocher.

Bourgeois, terme de respect, titre honorifique.

Le gentillâtre de province ferme ses salons à M. le maire, qui n'est qu'un laboureur, il refuse les invitations de M. le préfet, qui n'est point né, et dont les aïeux n'ont jamais pris Jérusalem :

— Des bourgeois! fi donc!

Bourgeois, terme de mépris, cruelle injure.

L'ouvrier qui porte du plâtre sur sa tête, le paysan qui fauche au grand soleil son blé mûr et le ramasse en gerbes, voient passer sur la route un petit monsieur en redingote; la redingote est terriblement râpée, et le petit monsieur n'a pas grande apparence. C'est un employé à huit cents francs, qui a sur les bras une femme et quatre enfants, dont trois filles. Tous deux le regardent avec envie:

— Il est bourgeois, celui-là !

Bourgeois, terme de respect, titre honorifique.

— Qu'est-ce qu'un bourgeois? demandez-vous à un homme en pantalon rouge.

— Un bourgeois, répond-il, c'est un pékin.
— Parfaitement; et un pékin?
— C'est un bourgeois.

Un bourgeois! autant vaut dire un homme qui n'a point l'honneur de porter un uniforme, qui tient à conserver tous ses membres, et ne les hasarderait pas en face d'une baïonnette pour quatre sous par jour. — Terme de mépris, cruelle injure.

— Oh! quand serai-je donc bourgeois! s'écrie un petit marchand sur le pas de sa porte.

Ce mot lui ouvre des perspectives; il y voit reluire, dans un avenir lointain, une maison de campagne avec des volets verts et le petit clos attenant, la pêche à la ligne durant le jour, et le boston le soir à deux sous la fiche. Il sera considéré dans son endroit, adjoint à la mairie et peut-être maire lui-même. On lui ôtera son chapeau; il sera bourgeois et gros bourgeois.

Bourgeois, terme de respect, titre honorifique.

Vous entrez au cabinet de lecture, vous tombez sur un numéro du *Monde*, qui fut autrefois l'*Univers religieux*. Vous y lisez une forte diatribe. On y parle de gens qui n'ont ni foi ni loi; d'une impiété vaniteuse et bête, sans cœur ni esprit; n'aimant que l'argent et ne sachant point en faire usage, capables de toutes les petites vilenies et se rengorgeant dans leur sottise; on les accable d'invectives et, pour dernière injure, on leur ette au nez qu'ils sont des *bourgeois*.

Bourgeois! terme de mépris, — cruelle injure.

Vous rentrez chez vous; vous y trouvez votre journal: c'est le *Journal des Débats* ou *le Siècle*. Vous le déployez avec le respect que tout homme a pour le carré de papier imprimé qui le fournit chaque jour d'opinions toutes faites. Vous y lisez un article de fond sur la bourgeoisie. C'est un dithyrambe à se pâmer d'aise. Le bourgeois est le fils du tiers état, qui fit notre immortelle révolution de 89; il a tous les courages et toutes les grandeurs; c'est lui qui est l'espoir de la patrie, le fondement des sociétés modernes. Il est hardi sans témérité, croyant sans superstition, respectueux sans faiblesse. Où trouver une qualité qui lui manque? Vous vous sentez fier d'être un des membres de cette bourgeoisie active, éclairée, laborieuse, etc., etc. Vous mettriez volontiers sur votre chapeau : « C'est moi qui suis bourgeois. »

Bourgeois, terme de respect, titre honorifique.

Voilà donc un mot qui a deux visages, comme l'antique Janus. L'un sourit et l'autre fait la grimace. Quel est le meilleur des deux? Tous deux sont également bons. Il y a dans la bourgeoisie moderne de quoi louer beaucoup; il y a bien aussi de quoi se moquer un peu. Il est tout naturel que le terme par où on la désigne soit indifféremment, selon les circonstances, ou un éloge ou une raillerie.

Le bourgeois moderne est un parvenu. C'était un fort petit compagnon avant 89; primé par les nobles, dîmé par les prêtres, n'ayant d'autre droit que de payer les impôts, et en usant plus qu'il n'aurait voulu. La Révolution survient, le voilà tout d'un coup au pinacle. La gentilhommerie se retire en son coin et boude; le clergé, qui est plus tenace, le suit obliquement d'un air sournois, et cherche à lui passer la jambe. Une dernière révolution le débarrasse des robes noires. Après 1830, le bourgeois est seul maître, il est roi. Il se carre à la chambre des pairs, et trône à la chambre des députés. C'est lui qui gouverne, juge, administre, conduit les soldats à l'exercice, ou se repose majestueusement dans sa gloire.

Il a toutes les qualités et tous les ridicules des parvenus. On peut dire, en général, que le parvenu a tout le mérite qu'il faut pour acquérir une grande fortune, et rien de ce qui est nécessaire pour en jouir grandement. Il est sensé, actif, économe; il est honnête même; car il n'y a pas de capital qui rapporte plus que la probité, quand on la sait placer avantageusement. Prenez toutes les vertus que supposent l'amour du travail et l'esprit d'ordre, vous êtes sûr de les trouver chez lui. C'est avec ces vertus-là qu'on se fait une position, quand on a eu le malheur, en naissant, de ne pas la trouver toute faite. Le bourgeois y a mis des centaines d'années. Il a pioché dur; il a économisé sou à sou ce qu'il gagnait; il a vécu de travail, de privations, de rebuffades, jusqu'au jour où il s'est senti assez riche et assez fort. C'est alors qu'il a démoli la vieille, sale et puante boutique où il avait si longtemps auné du drap; il s'est bâti à la place une jolie petite maison, une maison *bourgeoise*, en bonnes pierres meulières. Il a eu pignon sur rue.

Sa position changeait, son esprit ne changea pas en même temps. Il garda dans sa nouvelle fortune les habitudes par lesquelles il se l'était acquise. Devenu millionnaire et roi, il conserva les petitesses du pauvre diable. Il se fit seigneur, sans passer grand seigneur. Le gentilhomme qui trouvait dans son berceau un nom illustre, une position considérable et d'immenses richesses, qui croissait dans une atmosphère d'opulence, et s'imprégnait jour à jour des sentiments généreux qu'on y respire, n'avait aucune peine à user largement d'une fortune qui ne lui avait rien coûté. Il était tout naturellement noble de cœur comme de nom. Il ne se targuait point d'être magnifique; il l'était par la force même de son éducation. Il méprisait l'argent: comment en aurait-il su le prix, n'ayant jamais eu la peine de le gagner? Il n'avait point été courbé, par les nécessités de la vie, aux calculs étroits, aux mesquineries égoïstes. Jeté par le hasard de la naissance sur un lieu plus élevé, il s'était habitué à regarder un plus large horizon, à respirer un air plus pur.

Le bourgeois s'y était hissé lentement et à force de bras; il n'en vit pas plus loin, car il avait la vue courte. Il resta, en 1830, ce qu'il était en 88 : il n'y ajouta que le sentiment de sa nouvelle importance. Cette fortune, si laborieusement, si honnêtement gagnée, lui tourna la tête. Il fit le gros dos, et se rengorgea dans sa cravate. De l'important au sot la distance n'est pas longue. Il la franchit sans s'en douter, et devint quelque peu ridicule.

Il trouva charmant d'imiter les nobles qu'il jalousait, après les avoir mis à la porte. Mais ce n'est pas précisément par les beaux côtés qu'il leur ressembla. Il toussa et cracha comme eux; il prit leur insolence ou leur fatuité sans leur élégance de manières qui la faisait passer; il afficha leurs prétentions sans avoir cet amour du grand et du beau qui les justifiaient chez eux ou qui étaient du moins leur excuse. Il s'affubla de leurs travers comme d'un costume de carnaval qui n'était point à sa taille, et fut sifflé, comme il le méritait, par beaucoup d'honnêtes gens; on se venge toujours des parvenus en se moquant de leurs ridicules.

Il arriva ainsi que l'opinion qu'on eut des bourgeois changea selon les lieux, les personnes et les circonstances. L'un ne considéra que leurs qualités solides, celles qui avaient contribué à leur lente élévation et à leur triomphe définitif; il ne parla d'eux qu'avec estime. L'autre, qui vivait du travail de ses mains, les regarda comme des gens riches qui pouvaient lui donner de l'ouvrage et de l'argent; il leur tira respectueusement son chapeau et leur dit : « Mon bourgeois, » comme il eût dit, il y a cent cinquante ans : « Monseigneur. » Celui-ci, qui s'occupait de lettres ou d'art, ne vit en eux que leur étroitesse d'esprit, leurs sentiments vulgaires, leur grossier prosaïsme; il les traita de *crétins*, de *goîtreux*. Cet autre, dont le père avait été dépouillé par eux de sa fortune et de ses prérogatives, et du gouvernement de la société, les tint simplement pour des voleurs. Ils ne furent, à ses yeux, que d'habiles Roberts Macaires, ou des Bertrands imbéciles.

Le mot suivit la fortune du personnage dont il exprimait l'idée. Il fut, tour à tour, un terme de respect, une moquerie ou une injure. J'entends souvent dire : « On ne peut définir ce terme de *bourgeois;* on ne sait où il commence ni où il s'arrête. » Eh! sans doute ; c'est qu'en effet le bourgeois est une chose multiple, variable, changeante, où chacun peut trouver ce qu'il veut, selon la façon dont il regarde. Tel ouvrier dira : « *Un bourgeois,* » de cette voix envieuse et colère dont Robespierre eût pu dire : « *Un gentilhomme, un noble.* » Tel autre prononcera le même mot du ton de M. Jourdain parlant à Dorante. Il est clair que tous deux n'y attachent pas le même sens; c'est qu'ils n'ont pas lu les mêmes livres, ni reçu la même éducation. M. de Talleyrand eût laissé tomber ce terme avec une ironie hautaine, et comme du bout des lèvres; M. de la Fayette devait en avoir la bouche pleine. Écoutez un cocher qui espère un pourboire et celui qui n'a pas reçu le pourboire qu'il espérait; vous sentirez, au changement de ton, les acceptions différentes du mot. Faites causer M. Courbet, le farouche inventeur du réalisme, et M. Horace Vernet, le peintre ordinaire du pioupiou français; vous verrez aisément que, pour l'un, les bourgeois sont de simples brutes, et, pour l'autre, des admirateurs convaincus et des acheteurs sérieux.

Il me serait facile de poursuivre cette comparaison, et

de montrer, dans le nombre infini de locutions où entre le mot bourgeois, ce double courant d'idées contraires. Il suffit de l'avoir indiqué. Ces sortes d'études ne sont amusantes que si on laisse quelque chose à faire au lecteur. Il faut lui montrer le chemin; mais c'est à lui ensuite d'achever la route.

IV

CAPRICE — TOQUADE.

A l'Institut, vous le savez, je pense,
Siége un conseil par les Quarante élu,
A qui la règle et l'usage ont voulu
Qu'avant d'entrer au langage de France,
Tout nouveau terme, incertain de son sort,
Vint présenter l'acte de sa naissance,
Plaider sa cause et prendre un passe-port.

Or, par-devant l'illustre aréopage,
On vit hier, j'en ai de sûrs garants,
Se présenter, sous féminin corsage,
Deux mots d'allure et d'air tout différents,
Du pas entre eux disputant l'avantage.

L'un, ou plutôt l'une avait ce bel âge,
Où quinze étés sur quatorze printemps,
Sans l'altérer ont mûri le visage;
Mais elle était, en dépit des trente ans,
Vive, légère, et de taille plus fine
Que n'est la guêpe; une bouche mutine,
Dont un souris plisse les coins railleurs;
Un petit nez qui frémit et qui tremble,

Nez plein d'esprit, qui se retrousse, et semble
Narguer le ciel, les amants et les pleurs.
Dans ses yeux noirs, en traits de feu petille
Désir de plaire et d'attirer les cœurs
En s'en moquant; sa chevelure brille
Comme le jais, sous l'or de la résille.
Sur son beau col, ceint d'un nœud de velours,
Elle s'échappe en boucle, et sur sa joue
Un petite et ravissante moue
Creuse en riant une niche aux Amours.
Sur des paniers sa jupe se déploie,
Jupe de moire; et pourtant sous la soie
Elle a cet air aisé, libre et galant
De l'autre siècle; un bout d'épaule blanc
Sort du corsage, et la robe échancrée
S'ouvrant parfois, comme sans y songer,
Laisse à demi voir un coin de contrée
Où l'œil se glisse et cherche à voyager.
Doux et charmant voyage autour du monde!
Tout dans ses airs de tête si piquants,
Dans sa démarche et ses ajustements,
Sent la marquise une lieue à la ronde;
Chacun l'admire, et plus d'un tout bas gronde :
« Que n'ai-je encor, hélas! mes vingt-cinq ans! »

L'autre a l'allure et le ton d'une fille,
Œil provoquant, front bas et déprimé,
Voix de rogomme, et le teint allumé
Du vermillon dont elle se maquille.
Des débardeurs elle a pris à dessein
Le pantalon qui bouffe sur sa hanche;
Sa veste rouge, ouverte au bas du sein,
Laisse au travers éclater la peau blanche;
D'un air gaillard et crâne un bonnet penche
Sur son oreille, et semble dire à tous :
« Mes bons amis, je me moque de vous. »

Sur une chaise, en face des Quarante,
Elle s'assied, comme un homme, à cheval,
Jambe de ci, jambe de là pendante,
Et, le nez haut, la mine indifférente,

Elle sifflotte un air de carnaval,
En enfonçant ses deux mains dans sa poche.

La cour regarde étonnée, et croit voir
Par-devant elle en même temps s'asseoir
La Pompadour près de Mimi Bamboche.
Pour exposer sa demande et ses droits,
Du tribunal l'une et l'autre s'approche,
Et les voilà qui parlent à la fois.
Femme toujours eut la langue un peu leste.
Le président les arrête; et d'un geste
Tel qu'en peut faire un immortel, orné
D'un habit vert : « Quelle ardeur est la vôtre?
Dit-il; *amant alterna camenæ.*
Veuillez ici plaider l'une après l'autre;
Comme jadis, par les prés ou les bois,
Et de la flûte accompagnant leur voix,
Se répondaient les bergers de Virgile.
A vous, marquise, à commencer l'idylle. »

Elle se lève et s'exprime en ces mots,
Sur ce doux rhythme, ami des doux propos,
Cher à Voltaire, et que l'on croit facile :

LE CAPRICE.

« Au bon vieux temps où, du latin,
Naquit la langue de vos pères,
Je vins au monde un beau matin,
Doux fruit d'un baiser clandestin,
Au bruit joyeux d'un verre plein
Que l'on choquait à d'autres verres.
J'étais un fier petit lutin,
Et l'astrologue en son grimoire
Des heureux jours de mon destin,
A haute voix lisant l'histoire,
Me prédit qu'aux honnêtes gens
Je devais plaire en tous les âges,
Et serais jeune aussi longtemps
Qu'on verrait les femmes volages,
Les hommes et les flots changeants.

La chèvre qui fut ma nourrice
Me transmit par un même don
Son lait, son humeur et son nom,
Et je m'appelle le CAPRICE. »

LA TOQUADE.

« Ohé ! là, mes petits agneaux,
N'écoutez pas sa balançoire :
Elle vous rase et fait sa poire ;
Du flan pour elle et des pruneaux !
Je vais carrément, en deux mots,
Et sans vous tant scier le dos,
Vous débagouler mon histoire.
Par une nuit de carnaval,
Je naquis au Palais-Royal,
Derrière un portant de coulisses ;
J'eus un succès pyramidal
Près des gandins de nos actrices ;
Un succès des plus épatants !
Ils me dirent tous qu'à vingt ans,
Je devais pour sûr et sans faute,
Comme X et Z, avoir le sac,
Et que les femmes de la haute
En me voyant prendraient le trac.
J'eus ma naissance environnée
De signes qui firent à tous
Prévoir ma rupe destinée.
Sous la fenêtre, deux voyous
Se flanquaient une trépignée ;
Et l'on vit sur mon noble front,
Du plafond pendre une araignée,
Dans l'air voler un hanneton.
Mais, un jour, d'un bon camarade,
Je reçus un coup de marteau,
Dont je fus toquée au cerveau,
Et je m'appelle la TOQUADE. »

Ainsi dit-elle, et bien vous devinez
Qu'elle leva, pour clore la harangue,

Sa jambe droite à la hauteur du nez.
Les immortels écoutaient, consternés,
Sans rien comprendre, et leurs yeux étonnés
Se demandaient : « Quelle est donc cette langue ? »
Mais à son tour, la marquise sourit,
Et, d'une voix aimable, elle reprit :

LE CAPRICE.

« J'eus pour amis ou camarades
Vos grands poëtes du vieux temps.
Ils ont tous fêté mes vingt ans ;
Villon fit pour moi des ballades,
Marot tourna des triolets,
Et que de fois, ô Rabelais !
En mon honneur, tu bus rasades !
Quand la Fontaine, allant chez vous,
Me rencontrait sur son passage ;
Un geste, un clin d'œil en dessous,
Il n'y fallait autre langage,
Et le bonhomme, qui rêvait,
Tout nonchalamment me suivait,
Sans songer à vous davantage.

LA TOQUADE.

Siraudin, Clairville et Thiboust
Ont lancé la nièce à ma tante ;
Ce sont trois noms qui disent tout :
Siraudin, Clairville et Thiboust.
Ils ont du chic et j'ai du goût :
J'en ai pour eux, et je m'en vante.
Siraudin, Clairville et Thiboust
Ont lancé la nièce à ma tante.

LE CAPRICE.

De votre pauvre grand Molière
Je fus la joie et le tourment ;
Ah ! comme il souffrit en m'aimant !
J'en suis un peu triste, et bien fière.
C'est moi qu'il peignit trait pour trait,
Quand de la belle Célimène

Il traça ce vivant portrait
Qui vous charme encor sur la scène.
J'eus même, en ce siècle si beau,
Plus de bonheur qu'on n'imagine;
Car à mes pieds je vis Racine,
Et je n'y vis jamais Boileau.

LA TOQUADE.

Siraudin, Thiboust et Clairville
Sont gens un peu plus panachés.
J'ai bien souvent béquillé chez
Siraudin, Thiboust et Clairville.
Ils vous troussent un vaudeville,
Et tous les vieux sont remouchés.
Siraudin, Thiboust et Clairville
Sont gens un peu plus panachés.

LE CAPRICE.

Aux soupers du Temple, à Cythère,
Chaulieu me présenta gaîment
Ce poëte jeune et charmant,
Maître en l'art d'écrire et de plaire;
Qui devait être un jour Voltaire,
Et fut mon plus fidèle amant;
Ami, pour mieux dire, et vraiment
Le mot ne fait rien à l'affaire.
Le la Fontaine d'aujourd'hui,
Musset, chargé d'un pâle ennui,
Me vit un jour, me trouva belle,
Et sur mon front qu'il embrassa,
Avec un sourire il laissa
Tomber une larme immortelle.

LA TOQUADE.

Thiboust, Clairville et Siraudin
Ont pleuré du *champ'* dans ma coupe;
Qu'il fait beau voir le verre en main
Thiboust, Clairville et Siraudin !

Musset près d'eux ne fut qu'un daim ;
C'est un peu ça qui te la coupe.
Thiboust, Clairville et Siraudin
Ont pleuré du *champ*' dans ma coupe.

LE CAPRICE.

Durant trois siècles, à ma cour,
J'ai vu se presser tour à tour
Les plus grands, comme les plus belles ;
Pour un seul regard de mes yeux,
Qu'il nommait ses rois et ses dieux,
Condé se fit chef de rebelles.
A mes pieds j'ai vu ce Louis,
Dont un geste ébranlait l'histoire ;
Et je garde encor la mémoire
De ses amours évanouis.
En ces temps de sanglantes fêtes
Où tombaient les plus nobles têtes
Sur l'échafaud républicain ;
Superbe, et laissant à l'antique
Sur mon flanc s'ouvrir la tunique,
Aux proscrits je tendais la main ;
Je les sauvais sans en rien dire ;
Et que de fois un malheureux
Vit briller tout bas dans mes yeux
Sa grâce au travers d'un sourire !

LA TOQUADE.

Tout ça n'est pas très-rigolo ;
Elle en dit tant, qu'elle m'embête.
A Chaillot, la gueuse ! à Chaillot !
Tout ça n'est pas très-rigolo.
Flanquez-lui vite son galop,
Qu'elle fasse un peu moins sa tête.
Tout ça n'est pas très-rigolo ;
Elle en dit tant, qu'elle m'embête.

LE MOT ET LA CHOSE.

LE CAPRICE.

Je me fis peindre par Latour,
Des Grâces le peintre ordinaire,
Entre mes bras tenant l'Amour,
Et vous auriez cru voir sa mère.
Je posai souvent chez Watteau;
C'est moi qu'il fit dans maint tableau,
Déesse, naïade ou bergère,
Folâtrant en quelque clairière,
Sur les bords d'un joli ruisseau,
Dont par instants on voyait l'eau
Étinceler dans la lumière.

LA TOQUADE.

Comme le grand, le seul Nadar
Est un bien autre photographe!
Aucun de ces rapins n'a d'art
Comme le grand, le seul Nadar.
A tous les coins du boulevard
On voit flamboyer son parafe,
Comme le grand, le seul Nadar
Est un bien autre photographe!

LE CAPRICE.

Je règne sur les éléments,
Comme je règne sur les âmes.
Je vois à mes commandements
Les cieux, les ondes et les vents
Soumis comme les cœurs des femmes.
Sur le dos paisible des mers
Je souffle à mon gré la tempête;
D'un coup d'œil j'excite ou j'arrête
Le nuage chargé d'éclairs,
Qui traverse, en grondant, les airs,
Et des flots hérisse la crête.
D'une chiquenaude j'abats

Comme un simple château de cartes,
Des plus vieux rois les vieux États,
Et du monde, après cent combats,
Je refais à mon gré les cartes.

LA TOQUADE.

Je règne et chacun suit mes lois,
Des Variétés au café Riche;
Au *Figaro* comme au *Gaulois*,
Je règne et chacun suit mes lois.
J'aime assez l'absinthe, j'en bois,
Et pour le reste je m'en fiche;
Je règne et chacun suit mes lois
Des Variétés au café Riche.

LE CAPRICE.

J'ai dit mes droits : de ma harangue
Sans trembler j'attends le succès;
Eh quoi! pour un méchant procès
On me chasserait de la langue,
Moi qui porte un cœur si français!
Mais je compte sur vos suffrages;
J'ai de l'ambition : je veux
Durer autant que vos ouvrages,
Et passer à travers les âges,
Immortelle et jeune comme eux.

LA TOQUADE.

Un peu plus tôt, un peu plus tard,
Il faut toujours casser sa pipe;
Il faut dévisser son billard
Un peu plus tôt, un peu plus tard.
Éteins ton gaz, ma vieille; car,
Bien qu'on ait la faucheuse en grippe,
Un peu plus tôt, un peu plus tard,
Il faut toujours casser sa pipe. »

Le président se leva sur ces mots,
Et par la cour les débats furent clos.
Pas n'est besoin, je pense, de vous dire
Quel fut l'arrêt; vous l'avez deviné.
Croire ne puis vraiment qu'un abonné
Manque d'esprit, quand il veut bien me lire.

V

CARRÉ — CARRÉMENT.

Lettre à madame Sand.

Madame,

Je viens de lire, comme tout le monde, le dernier de ces mille et un récits que vous vous plaisez à conter au public, et qu'il ne se lasse point d'entendre, l'histoire du beau Narcisse de la Faille-sur-Gouvres.

Ce livre aimable a enchanté l'une de mes nuits, comme eût fait un beau rêve. Il n'appartient qu'à vous de nous emporter ainsi dans ce pays impossible et charmant, où les grandes dames aiment jusqu'à en mourir de pauvres cabotins de province; où les aubergistes sont des hommes de génie, pleins de franchise, de vertu et de délicatesse; où le diamant fleurit sur des arbres d'or. Si les romans ne devaient être qu'une maussade peinture de la réalité vulgaire et plate, il ne vaudrait guère la peine d'en faire, et nous n'aurions pas tant de plaisir à lire les vôtres. Vous ravissez quelques-unes de nos heures aux ennuis prosaïques de la vie; vous les parfumez de songes délicieux; vous nous prêtez les ailes de votre imagination pour nous soulever de terre, et nous perdons de vue les vils intérêts qui nous y tiennent habituellement courbés; nous vivons pour un instant, loin de nous, dans ce monde que vous avez créé d'un coup de baguette, et qui par malheur n'existe que dans vos livres.

Puissiez-vous en écrire longtemps encore! S'il vous prenait un jour fantaisie de vous reposer, nous irions tous ensemble sous vos fenêtres, et nous vous crierions, comme à la sultane des *Mille et Nuits :* « Contez-nous donc, je vous prie, contez-nous encore un de ces contes que vous contez si bien. »

Mais pardon, madame; je me laisse entraîner au plaisir de causer avec vous de vos ouvrages et de votre gloire, et j'oublie précisément ce que j'avais à vous dire. Hélas! c'est bien peu de chose, moins que rien, une question de mots; et j'oserais à peine en parler, si je m'adressais à tout autre qu'à vous. Je craindrais de passer pour un pédant de collége. Mais les artistes vraiment grands savent qu'il n'est rien de petit dans l'exercice de leur art, et que le moindre détail y a son importance.

J'ai rencontré par deux fois dans votre dernière œuvre les mots *carré* et *carrément*, en un sens où j'avoue qu'ils sont fort à la mode, mais où il ne me paraît pas que les bons écrivains s'en soient encore servis. Cela m'inspire quelques inquiétudes.

On disait autrefois d'une table qu'elle était *carrée*, quand elle avait ses quatre côtés égaux. Rien n'était plus facile à comprendre, et tout le monde était d'accord sur le sens du terme. On l'emploie aujourd'hui quand on parle d'une œuvre d'art, d'un succès de théâtre, d'un système de philosophie, et de mille autres choses qui n'ont jamais rien eu de carré que le nom, et je crains fort que l'on ne s'entende plus. L'adjectif a traîné à sa suite son adverbe *carrément*. Voilà qu'on dit à présent d'un homme « qu'il exprime *carrément* son opinion, » d'un acteur « qu'il entre *carrément* dans la peau du bonhomme, » d'un ministre « qu'il a pris *carrément* son parti, » et je ne serais pas étonné, madame, qu'il se trouvât quelque sot pour prétendre que vous écrivez *carrément*.

Il y a ainsi tous les dix ans en France de ces mots aventuriers qui s'échappent, on ne sait comment, de l'argot des coulisses ou des bagnes, et qui font leur chemin dans la langue des honnêtes gens. Ils plaisent par un certain air de nouveauté; ils sont commodes à celui qui s'en sert, parce qu'ils n'ont pas un sens très-précis, et qu'ils permettent de parler sans avoir rien à dire.

Vous demandez à quelqu'un ce qu'il pense d'un livre nouveau :

— Oh! répond-il, c'est ce qu'on appelle un ouvrage *carré*.

Mais qu'entend-il par un ouvrage carré? est-ce un ouvrage où il y a du sens, de l'esprit, du talent, du génie?

Il n'en sait rien, il ne l'a pas lu. C'est un ouvrage *carré* : il ne sort pas de là, ne lui en demandez pas davantage, le mot répond à tout, parce qu'il ne signifie proprement rien. Ces termes de hasard ont en général une fortune aussi courte qu'elle a été rapide. Ce sont des parvenus qui, n'ayant pu se faire admettre dans la bonne compagnie, rentrent bientôt dans le néant d'où les avait tirés un coup de bourse. Je croyais qu'il en serait ainsi des mots *carrés* et *carrément* : je n'imaginais pas qu'ils fussent gens à être jamais reçus, et je ne songeais point à leur demander leur extrait de naissance et leurs parchemins. Mais aujourd'hui, madame, c'est une autre affaire ; il vous a plu de leur accorder droit de cité : c'était votre privilége de grand écrivain ; nous ne réclamons pas, nous vous prions seulement de dire si vous avez vu leurs titres et si vous pouvez nous les montrer.

Je n'ai point de parti pris contre ces mots ; ils ne m'ont rien fait, je ne leur en veux pas, et leur visage n'a rien qui me soit désagréable. J'ajouterai même volontiers qu'ils me paraissent être dans le génie de la langue. On dit d'un homme qu'il est *rond* en affaires, d'un caractère qu'il est *anguleux*; pourquoi ne dirait-on pas d'un esprit qu'il est *carré* ? Ces expressions métaphoriques ont entre elles quelque analogie ; mais encore faut-il, avant d'admettre un terme, savoir d'abord ce qu'il signifie au juste, quelle en est la valeur précise, et ensuite examiner s'il est vraiment utile, s'il ne fait pas double emploi avec des mots déjà consacrés par l'usage.

J'ouvre *Narcisse*, et j'y trouve cette phrase : « J'affectai de répondre en futur propriétaire, *carré*, à idées fixes. »

Ici le sens du mot est fort clair, vous avez pris la peine de le définir vous-même. Un propriétaire *carré*, c'est un homme solidement établi dans l'idée qu'il est maître de sa propriété, aussi ferme dans son opinion que peut l'être un carré reposant sur sa base. En vérité, je ne demande pas mieux; et je conviens même que, si en cet endroit l'expression ne me paraît pas d'un effet très-heureux, c'est peut-être chez moi manque d'habitude ou scrupule d'un purisme timoré.

Mais quelques pages plus loin, vous ajoutez : « il soutint carrément que... » J'ai cru comprendre, d'après l'ensemble du passage, que dans cette phrase vous entendez par *carrément*, « sans rien déguiser de sa pensée; » et comme eût dit votre voisin Paul-Louis Coürier, « sans ambages ni circonlocutions. » Voilà donc un autre sens du même terme. Est-ce le dernier qui est le bon ? Soit, je le veux bien ; mais je vous prie d'observer que nous avons déjà dans la langue, pour exprimer cette idée, un grand nombre de tours qui sont excellemment français, et dont chacun la présente sous un aspect particulier. On soutient son avis d'un style *net, décisif, tranchant*. Le terme de *net* n'emporte avec soi que l'idée de précision, mêlé d'un très-vif désir de ne laisser dans l'esprit de ceux à qui l'on parle ni obscurité ni doute. Il y a de plus dans le mot *décisif* comme un air d'autorité et un ton commandant.

Pour *tranchant*, il sent ou l'extrême jeunesse ou la mauvaise compagnie. Ce sont là des nuances bien délicates, et pourtant faciles à saisir. Le mot *carré* en a-t-il une qui lui soit propre, et quelle est-elle ? où le placerons-nous ? et s'il ne fait qu'exprimer d'une façon générale et grossière un sentiment dont une foule d'autres mots peuvent rendre les nuances les plus fines et les plus fuyantes, à quoi bon fêter ce nouveau venu, ce mal-appris qui ne sert à rien et se donne des airs ? pourquoi en surcharger un dictionnaire qui n'est déjà que trop encombré ? ne vaut-il pas mieux le laisser aux petits journaux qui n'ont que cela pour vivre ?

Voilà mes doutes, madame, c'est à vous de les lever. Je ne m'adresse point à l'Académie : au train dont elle y va, elle n'arrivera guère à la lettre C que dans quatre ou cinq cents ans. Je sais bien que pour vous, madame, et pour vos ouvrages, cinq siècles de plus ou de moins ne sont pas une affaire. Mais je n'ai pas le temps d'attendre et la patience me manquerait. C'est à ceux qui parlent le mieux notre langue qu'il appartient de la fixer ; c'est aux grands écrivains, chez qui l'on vient apprendre le français, de nous dire ce qui est vraiment français ; c'est à eux d'expliquer les lois, puisqu'ils les ont faites.

J'ai l'honneur d'être, madame, de votre admirable et charmant génie, le plus passionné, et, si vous y tenez absolument, le plus carré, et, si l'usage même un jour le permet, le plus cubique admirateur.

VI

CHIC, CHICMENT OU CHIQUEMENT — INFECT, INFECTION.

L'abbé Dangeau, grammairien de profession, et académicien par surcroît, se trouvait un jour dans une compagnie où l'on s'entretenait des revers essuyés coup sur coup par nos armées : c'était dans les derniers temps du règne de Louis XIV.

— Voilà qui est fâcheux, dit-il d'un air de satisfaction ; mais tout cela n'empêche pas que je n'aie sur mon bureau deux mille verbes français bien conjugués.

Je connais un vieux professeur en retraite qui ne doit rien à ce terrible puriste. Il est aussi intraitable sur les questions de grammaire que peut l'être, sur les prescriptions de l'étiquette, le plus entêté maître de cérémonies dans une petite cour allemande. Il ne connaît d'autre malheur, au monde, que de manquer à la langue, et la moindre faute en ce genre lui est plus sensible qu'un gros péché à une dévote. Il suffit d'un tour un peu douteux pour le mettre mal à son aise ; une locution vicieuse, un terme impropre, un mot barbare lui donnent sur les nerfs et le jettent hors de lui ; un solécisme d'un fort calibre et tiré à bout portant serait fait pour le tuer roide.

Par mesure de précaution, il ne lit plus de journaux que le *Journal des Débats*, et encore son médecin, qui craint les coups de sang, lui a-t-il recommandé d'en user sobrement; il ne lui permet tout au plus que les articles signés *de Sacy*, *Prévost-Paradol* et *Weiss*.

Ce bonhomme voit peu de monde, et n'a guère de conversation qu'avec les écrivains des deux derniers siècles, qu'il relit sans cesse. Quand par hasard je l'ai rencontré le matin et que j'ai passé dans son ombre, je suis sûr de ne plus faire un solécisme de la journée.

On se rappelle encore dans l'Université comment il fut contraint de donner sa démission. Il venait d'être nommé à un poste assez important, et la lettre qui l'en prévenait se terminait par cette phrase : « Vous voudrez bien nous accuser réception de la présente. » Il prit sur-le-champ la plume et répondit :

« Monsieur le ministre,

» C'est bien le moins, quand on a l'honneur de diriger l'instruction publique, qu'on sache le français. Vous gouvernez les gens qui l'enseignent, il est convenable que vous le parliez vous-même. Apprenez donc, monsieur le ministre, que le mot *accuser*, qui vient de *ad causam*, veut proprement dire *mettre en cause*, *appeler en justice*, d'où, par une analogie fort naturelle, *blâmer*, *reprendre;* mais tenez pour certain qu'on ne doit pas plus *accuser réception d'une lettre* qu'on ne peut *accuser le contour d'un dessin.* Ces expressions, quoique s'autorisant de l'Académie, ne sont point dans le génie de la langue, comme l'a fort bien remarqué le filleul du grand Voltaire, l'illustre Jérôme Carré.

» J'ai l'honneur d'être, monsieur le ministre, etc. »

Cette épître un peu verte fut écrite en un temps où les ministres avaient le faible de ne pas aimer qu'on leur donnât des leçons, même de langue française. On pria obligeamment ce farouche petit-fils de Vaugelas de s'en aller étudier, dans les loisirs de la retraite, les règles de la bienséance, qu'il semblait connaître moins à fond que celles de la grammaire. Il n'en fut point ému, et se contenta de répéter en souriant la phrase célèbre : « Je m'en vais ou je m'en vas ; car l'un et l'autre se dit ou se disent. » Ce qui prouve ou que les grammairiens sont très-philosophes, ou qu'il n'est pas besoin de tant de philosophie pour quitter une place de professeur.

Il y a quelques jours, l'excellent homme allait rendre visite à l'un de ses anciens élèves qui s'est donné à la peinture, et qui n'en est pas plus mauvais peintre, pour avoir appris, dans son temps, au collége, Homère, Virgile et Corneille. Il se promenait par l'atelier, regardant au hasard les meubles, les costumes, les armes, et ce pêle-mêle d'œuvres terminées ou en train, qui traînent de toutes parts dans une chambre d'artiste. Il s'arrêta devant une ébauche et parut la considérer de très-près.

— Oh! lui dit le peintre, ne faites pas attention à cela, *c'est fait de chic!*

Le grammairien releva la tête comme un bon cheval de bataille au premier coup de trompette.

— *Fait de chic!* répéta-t-il; qu'est-ce que ce mot veut dire?

L'artiste se gratta le front en homme qui s'est mis dans une mauvaise passe et ne sait par où en sortir.

— Tenez! dit-il en faisant reculer son homme de deux pas, regardez-moi ce tableau, prenez-le d'ensemble, et sans vous arrêter au détail. N'est-il pas vrai qu'il y a un je ne sais quoi qui saisit les yeux tout d'abord? Cette femme est là très-coquettement posée dans son fauteuil : les plis de sa robe sont froissés avec beaucoup d'élégance et font illusion; ces grosses pivoines rouges, qui s'étalent dans un vase, à côté, ont un grand air de pivoines, et l'on a plaisir à les voir si fraîches épanouies, si éclatantes de couleur. Cette guirlande d'or, qui circule autour du vase, en relève la beauté; elle occupe le regard et l'amuse. Il y a dans tout cela une certaine grâce qui surnage et qui prévient : on s'y laisse prendre au premier moment et l'on tressaille. Approchez, maintenant; plus près encore; entrez dans le détail. La pose de cette femme n'est point naturelle, ou du moins le mouvement des diverses parties du corps n'est pas commandé par l'allure générale de la personne. Ces plis ne sont pas vrais; ils ont été arrangés par caprice et pour l'effet. Examinez avec soin ces fleurs qui vous ont séduit; ce ne sont que des plaques de couleur habilement jetées sur la toile. Reconnaissez-vous là des feuilles de rose, de dahlia ou de pivoine ? sont-ce même des feuilles ? On sent trop que tout cela a été fait loin du modèle ; rien n'y est pris sur nature ni fortement étudié. Eh bien, ces sortes de peintures, qui sont faites comme les horizons de Fénelon, à souhait pour le plaisir des yeux, mais où l'esprit ni l'art sérieux n'ont point leur compte, nous les appelons, en style d'atelier, des *peintures de chic.*

— Fort bien ! reprit le professeur ; de façon que ce mot est une critique et non un éloge.

— Pardonnez-moi ! il est l'un et l'autre, c'est selon où on le place et comme on veut l'entendre. Si vous disiez à un peintre qui a des prétentions au grand art et qui vient d'exposer au Salon une toile importante sur laquelle il fonde sa réputation : « Monsieur, voilà qui est peint *de chic !* » soyez sûr qu'il vous saurait un gré médiocre de votre admiration, et que la critique la mieux cinglée ne lui serait pas plus douloureuse ; mais si vous rencontrez dans l'album d'une femme du monde un croquis lestement enlevé, et que vous veniez à dire : « Cela ne manque pas *de chic,* » vous ferez là un compliment qui sera bienvenu de l'artiste, car ce sera lui reconnaître une grande habileté de main, une exécution vive, sûre et pleine d'agréments. Ces qualités, pour être secondaires, n'en ont pas moins leur prix, et des esquisses d'album n'en exigent pas d'autres.

— Je commence à me rendre compte de l'expression ; mais tirons-la, s'il vous plaît, de la peinture où je n'entends goutte, pour la transporter dans un ordre de faits qui me soient plus familiers. Un écrivain chiffonne assez galamment un semblant d'idée, et il a une certaine adresse à faire chatoyer sur le satin de sa phrase ou d'étincelantes paillettes, ou des reflets gorge de pigeon, dont le papillotage n'est pas toujours désagréable : peut-on dire qu'il écrit *de chic?*

— Mon Dieu, oui ; je vous avertis seulement que, par ce mot, vous ne contenterez ni lui, ni les hommes de goût qui l'ont lu ; il se plaindra de la critique, ils se plaindront de l'éloge.

— Ne dira-t-on pas de même d'une pièce de théâtre qu'elle a *du chic* si l'on n'y trouve point une forte étude de passions, de caractères ou de style, mais qu'elle plaise par le mouvement de la mise en scène, par un certain art de fouetter le dialogue et de le mener grand train, par un habile et heureux emploi des procédés dramatiques les plus à la mode? Ne faudra-t-il pas convenir qu'une femme a *du chic* dans sa toilette si avec rien, un bout de ruban, un nœud, une gaze, elle sait tout de suite se donner une apparence, tirer l'œil et le charmer.

— Parfaitement ; mais, dans ce dernier cas, le mot de *chic* sera toujours un éloge : le grand art n'a rien à voir avec la toilette de ces dames.

— Et *chic* n'a pas d'autre sens?.

— Pardon ! Si vous montrez un tableau à quelque amateur en lui disant qu'il est d'un tel, il vous répondra : « Ce n'est pourtant pas son *chic.* » Nous entendons par là cet ensemble de qualités ou de défauts propres à un artiste, qui sont en quelque sorte sa marque, et où on le reconnaît. Nous avons adopté ce mot-là faute d'autre.

— Comment! faute d'autre! s'écria le professeur; mais on dit : *la manière, le faire, la touche* d'un écrivain; tous ces termes sont excellents. Le *faire*, surtout, est une de ces expressions comme nous en avons trop peu dans notre langue. J'aime ces infinitifs, ils ont un sens très-précis, et en même temps la grâce un peu flottante des neutres antiques. Mais tant de mots, déjà faits et bien faits pour exprimer la même idée, rendent au moins inutile ce nouveau venu, qui ne sonne point agréablement à l'oreille, et dont l'homonyme a un sens fâcheux et qui répugne. Je m'en tiens au premier sens que vous m'avez expliqué. Vous voyez que je ne suis point exclusif : en ce sens, j'accepte le mot, je suis fâché qu'il paye si mal de mine; mais je n'en connais pas d'autre qui puisse rendre d'une façon aussi brève et aussi nette une idée que la manière dont nous entendons l'art aujourd'hui ramène sans cesse dans nos conversations et dans nos livres. J'attendrai, pour m'en servir, que l'usage des honnêtes gens l'ait mieux établi et qu'il ait pris pied dans le monde; mais je souhaite qu'il réussisse comme il le mérite.

Là-dessus, le bonhomme prit son chapeau et sortit. Il n'avait pas fait dix pas sur le boulevard qu'il fut arrêté par le dialogue suivant :

— Ton appartement est-il *chic?* disait un jeune homme.

— Tout ce qu'il y a de plus *chic*, répondait l'autre, et un peu *chicment* meublé, je t'en réponds.

— Et ils se comprennent! pensa douloureusement le vieux professeur : sont-ils heureux!

Je le rencontrai à quelques minutes de là et lui demandai d'où lui venait cet air rêveur : il me mit au fait.

— Cela n'est-il pas triste! ajouta-t-il; on vient, il n'y a qu'un instant, de définir le mot, et voilà déjà que je ne puis l'entendre. Qu'est-ce que peut bien être un appartement *chic*? et pourquoi cet air de vive satisfaction en disant qu'il est *chicment* meublé? Ce jeune homme voulait-il dire par là que son mobilier est commode ou riche? que c'est le mobilier d'un bourgeois, d'un grand seigneur ou d'un artiste? qu'il se compose de meubles renaissance, Louis XV, ou modernes? qu'il est en chêne, en acajou, en ébène ou en palissandre? Je me fais toutes ces questions sans y trouver de réponse, et j'en suis d'autant plus fâché que l'autre jeune homme, qui n'avait pourtant pas comme moi, dans sa poche, l'exacte définition du terme, a paru le comprendre du premier coup, et n'a pas demandé d'explication.

— Rassurez-vous, lui répondis-je. Ce jeune homme n'en sait pas plus long que vous sur l'appartement et le mobilier de son ami : ces mots de *chic* et de *chicment* n'ont rien pu lui apprendre, parce qu'ils n'avaient point de signification propre. *Chic* est tout simplement pour la plupart de ceux qui l'emploient le superlatif de l'éloge.

Nous aimons en France le superlatif; cela date de loin.

La Bruyère écrivait déjà de son temps : « Dire d'une chose modestement ou qu'elle est bonne ou qu'elle est mauvaise, et les raisons pourquoi elle est telle, demande du bon sens et de l'expression ; c'est une affaire. Il est plus court de prononcer d'un ton décisif et qui emporte la preuve de ce qu'on dit, ou qu'elle est exécrable, ou qu'elle est miraculeuse. » Nous disons aujourd'hui qu'elle est *chic* ou qu'elle est *infecte*. Vous voyez que nous sommes toujours les mêmes; la langue seule a changé et a perdu au change. Car enfin *exécrable* et *miraculeux* sont des mots très-français.

— Mais *infect* l'est également, reprit le grammairien. Il vient de *inficere*, qui signifie gâter, souiller, corrompre. On dit fort bien : un marais *infect*.

— Sans doute; mais on fait maintenant un singulier abus de cette désagréable épithète; on dit d'un petit vaudeville à l'eau de rose qu'il est *infect*; d'une femme qui a le malheur de n'être pas jolie, qu'elle est une *infection*. Le mot serait tout au plus juste pour les jeunes personnes qui, le soir, font les beaux bras et le guet sur les chaises du boulevard des Italiens; mais ce sont précisément celles-là dont on dit qu'elles sont des femmes *très-chic*. Voilà où mène l'amour des superlatifs et le besoin d'en changer sans cesse.

— Si j'étais le chef de l'État, me dit le vieux professeur, je ferais publier à son de trompe dans les rues de Paris la proclamation suivante : « On fait assavoir (n'imprimez pas à savoir, qui est ridicule) que le mot *chic* a une signification particulière, très-précise et très-raisonnable, et défense est faite de l'employer jamais dans un autre sens. Ordonnons que toute personne qui contreviendra à cette ordonnance sera, sans plus ample informé, dégradée de la classe des gens comme il faut, et tombera au rang des hommes *chic*. Engageons notre Académie dite française à chercher, pour rendre l'idée qu'exprime aujourd'hui le mot *chic*, un terme plus harmonieux, plus sonore, et plus conforme aux origines ordinaires de notre langue. »

VII

BIEN-ÊTRE — CONFORT.

Gil Blas touchait alors à la quarantaine. Il avait beaucoup voyagé, et partant beaucoup vu ; il avait exercé un grand nombre de professions et connu les fortunes les plus diverses : tour à tour voleur de grand chemin, valet de chambre, médecin, courtisan ; honnête homme au milieu de tout cela, et bon homme, il s'était convaincu que, pour être heureux, il faut vivre chez soi, bien paisiblement, les pieds sur ses chenets, comme le sage d'Horace, sans rien désirer, ni rien craindre.

Un de ses protecteurs lui avait donné une maison de

campagne aux environs du Guadalaviar. Il résolut de l'aller voir avec son fidèle Scipion, et d'y rester, si elle lui plaisait, à planter ses choux.

Comme ils suivaient les bords de la rivière, on leur montra une espèce de petit château qui avait quatre pavillons; c'était leur future demeure :

— Comment diable! s'écria Scipion tout d'abord, mais c'est un bijou que cette maison! Outre l'air de noblesse que ses pavillons lui donnent, elle est bien située, bien bâtie, et entourée de pays plus charmants que les environs mêmes de Séville, appelés par excellence le paradis terrestre. Quand nous aurions choisi ce séjour, il ne serait pas plus de mon goût : en vérité, je le trouve charmant; une rivière l'arrose de ses eaux, un bois épais prête son ombre quand on veut se promener au milieu du jour. L'aimable solitude! Ah! mon cher maître, nous avons bien la mine de demeurer ici longtemps!

Gil Blas sourit de cet enthousiasme qui le flattait. Ils entrèrent dans la maison et la visitèrent de haut en bas. L'intérieur ne leur parut pas moins agréable que le dehors. L'appartement était fort bien distribué, et de la façon la plus commode, les meubles étaient aussi propres qu'ils pouvaient l'être, sans magnificence. Ils auraient été peu prisés dans un inventaire, mais ils ne laissaient pas que de faire de l'effet par la grâce de l'arrangement.

Ils allaient de chambre en chambre, se récriant sur tout ce qu'ils voyaient. Scipion était ravi de la salle à manger; Gil Blas préférait le cabinet d'études. C'était une petite chambre, pleine de lumière et fort gaie. Il y avait auprès d'une fenêtre, d'où l'on découvrait une campagne toute riante, un bureau d'ébène devant un grand sofa de maroquin noir. On voyait tout autour des armoires basses, remplies de livres, et sur lesquelles étaient posés des tableaux de maîtres. La bibliothèque était composée de philosophes, de poëtes et d'historiens, et, il faut bien le dire aussi, d'un grand nombre de romans de chevalerie. Gil Blas ne haïssait point ces sortes d'ouvrages; il prenait pourtant plus de plaisir aux livres de morale enjouée : Lucien, Horace, Érasme, étaient ses auteurs favoris.

On vint l'avertir que le dîner était prêt. Le maître et le secrétaire se mirent à table. On leur servit un plat de quatre perdreaux rôtis, avec un civet de lapin d'un côté et un chapon de l'autre. Ils eurent pour entremets des oreilles de cochon, des poulets marinés et du chocolat à la crème. Ils burent copieusement du vin de Lucerne et de plusieurs autres sortes de vins délicieux, et se levèrent de table fort contents de la vie.

Ils descendirent au jardin, avec la ferme intention d'y faire voluptueusement la sieste dans quelque endroit frais et agréable. Le jardin leur parut tout à fait digne de la maison. Toutes les allées étaient bien sablées et bordées d'orangers, dont les fleurs parfumaient l'air. Mais ce qui les enchanta plus que tout le reste, ce fut une longue avenue qui conduisait, en descendant toujours, au logement du fermier, et que des arbres touffus couvraient de leur épais feuillage. En faisant l'éloge d'un lieu si propre à servir d'asile contre la chaleur, ils s'y arrêtèrent, et s'assirent au pied d'un ormeau, où le sommeil eut peu de peine à surprendre deux gaillards qui venaient de bien dîner.

Scipion fut le premier qui s'éveilla :
— Par ma foi, monsieur, dit-il à son maître, voilà une douce vie, et je ne sais rien de plus agréable au monde que de dormir à l'ombre après un bon repas. Si ce n'est pas là ce qu'on appelle le *bien-être,* je ne sais pas en vérité ce que c'est. Qu'en dites-vous, monsieur?

Un homme qui digère est un soldat désarmé. Gil Blas s'étira les bras et ne répondit rien, ce qui est, par tout pays, la plus sûre manière de s'avouer vaincu et convaincu. Puis il s'éveilla tout à fait une petite heure après, et, le propos de son secrétaire lui revenant à l'esprit :

— Non, mon ami, lui dit-il, et je crois que tu te trompes.

— Comment cela? s'écria l'autre.

— Tu prends pour le bien-être lui-même ce qui n'en est que l'instrument. Le bien-être est tout entier dans celui qui en jouit. Ce frais jardin, cette jolie maison, cette bibliothèque pleine de livres et d'où l'on a une si belle vue, ce bon dîner même, tous ces objets agréables peuvent contribuer au bien-être, ils ne le constituent pas. Crois-tu que, si nous étions venus ici, il y a huit mois, à l'époque où nous étions tous deux tourmentés d'ambitieux projets et dévorés d'inquiétudes, crois-tu que nous y eussions goûté pleinement le charme de ce beau lieu ? Crois-tu que nous y eussions trouvé le bien-être ? Il faut, pour en jouir, posséder tout d'abord deux biens que nous avons aujourd'hui, grâce au ciel : un corps et une âme qui se portent bien. C'est ce que notre ami Horace exprime, avec tant d'élégance, par son vers :

> Mens sana in corpore sano.

— Voilà qui est parfait, répondit Scipion, mais puisque vous citez Horace, je veux le citer à mon tour, et j'ajouterai avec lui :

> Et mundus victus, non deficiente crumena.

— Soit, reprit Gil Blas en souriant. Je ne veux point chicaner là-dessus. Un bon dîner ne fait guère plaisir quand on n'a pas l'estomac bon. Mais il faut convenir qu'un bon estomac sert assez peu lorsqu'on n'a pas de quoi manger. A tout prendre, pourtant, je crois que l'appétit est encore plus nécessaire pour bien dîner que le dîner même.

Il y a, sans doute, très-peu de gens en France, même parmi ceux qui lisent, qui aient jamais entendu parler de M. Pickwick et de son fidèle serviteur, Samuel Weller. M. Pickwick est pourtant fort connu de l'autre côté de la Manche, et Dickens a raconté ses aventures dans un admirable roman qui n'a d'autre tort, à nos yeux, que d'être écrit en anglais.

C'était un fort bonhomme que ce M. Pickwick, grand philosophe, et qui aimait ses aises. Il voyageait tout à travers l'Angleterre, ses tablettes en poche. Il y inscrivait tout ce qui s'offrait à lui de curieux et de remarquable. Il ne regardait guère les monuments, qui n'ont d'intérêt que pour les gens de science. Mais il notait avec soin les mœurs des hommes. Il était aidé par son valet, un garçon de peu d'instruction, mais de beaucoup de sens, qui ne comprenait pas grand'chose aux spéculations ni aux théories, mais qui mettait en pratique les maximes de la philosophie, sans être philosophe. Tous deux vivaient heureux ensemble, le valet sans trop savoir comment ni pourquoi, le maître raisonnant son bonheur et se le démontrant à lui-même; ce qui est, comme chacun sait, la félicité suprême.

M. Pickwick avait reçu de fâcheuses nouvelles; il avait appris que son meilleur ami, le sieur Tupmann, s'était mis une mauvaise affaire sur les bras; un homme de loi fort malpropre et très-grossier l'avait averti, par un papier extrêmement gras, qu'il aurait à comparaître, lui Pickwick, le célèbre philosophe, devant la justice de son pays, pour crime de séduction sur la personne de sa femme de charge, une vénérable matrone âgée de soixante ans. Il avait couru en poste toute la journée, par un temps déplorable, seul et face à face avec un carreau mouillé. Il était d'aussi mauvaise humeur que peut l'être un philosophe.

Il descendit à l'auberge du *Hareng couronné*. Un bon feu de houille brillait dans la cheminée et répandait une douce chaleur dans toute la salle. La chambre était propre comme le sont les hôtels anglais, et l'hôte avait une figure avenante. Il demanda au voyageur ce qu'il fallait lui servir : M. Pickwick, à l'aspect de son gros visage réjoui, se laissa détendre les lèvres par un sourire, et commanda un grog. L'aubergiste apporta le sucre, le rhum et le bol. Il montra du doigt à Samuel Weller une cafetière où l'eau bouillait en chantant d'une voix extrêmement mélodieuse.

Samuel mit trois ou quatre morceaux de sucre dans la tasse; puis il versa dessus, avec une attention méticuleuse, quelques gouttes d'eau chaude, et attendit que le sucre eût le temps de fondre. Cependant M. Pickwick avait étendu les jambes vers le feu; il avait croisé les parements de son habit sur ses cuisses, il s'était renversé sur le dos de son fauteuil, avec l'apparence de la plus complète béatitude, et contemplait les préparatifs de son domestique dans une attitude d'aimable satisfaction. Samuel mêla le rhum et l'eau chaude dans les proportions voulues et avec la conscience qu'exigeait cette importante préparation, et quand la boisson fut telle qu'il pouvait la désirer, il la présenta à son maître de l'air d'une respectueuse confiance. M. Pickwick y trempa ses lèvres, fit une petite grimace d'approbation, puis, regardant au plafond avec un visage heureux et contrit, il avala lentement le contenu du bol, sans en laisser une goutte. Il poussa ensuite un profond soupir, remit le vase vide aux mains de son valet fidèle, et resta quelque temps la tête penchée sur l'épaule et les yeux doucement animés d'une flamme philosophique.

— De bon grog! lui dit Samuel d'une voix attendrie, de bon grog!

— Oui, mon ami, de bon grog! répéta M. Pickwick.

— Alors, ça va bien, comme disait ce chaudronnier qui coupa la tête à son petit pour l'empêcher de loucher.

— Oui, mon ami, ça va bien. As-tu remarqué, ajouta M. Pickwick avec conviction, et après avoir longuement réfléchi, as-tu remarqué, mon ami, comme il fait bon vivre?

— C'est vrai ça, monsieur. On n'a encore rien inventé de meilleur; malheureusement, ça ne dure pas toujours, comme disait mon père en vidant sa quatrième pinte de porter.

— Tu as raison, mon ami; mais, tant que dure l'existence, elle est bien agréable; j'entends pour un Anglais qui voyage en Angleterre.

— Cela va de soi, monsieur. L'Anglais est le premier peuple du monde.

— Ce n'est pas précisément ce que je voulais dire; car il faut s'interdire toute pensée qui peut être désobligeante au voisin, même alors qu'elle est incontestable. Souviens-toi de cela, Samuel. N'humilions pas les nations étrangères qui veulent bien conclure avec nous des traités de commerce. Mais enfin, Samuel, est-il possible de trouver, ailleurs que dans une auberge anglaise, un si bon feu et qui chauffe si bien, un hôte si prévenant, une salle aussi propre, un grog aussi parfaitement réussi, selon les règles de l'art, des sandwichs mieux beurrées, et un bonheur plus complet?

— Oui, monsieur, dit l'autre; il est vrai que tout cela est très-confortable.

— Confortable! tu l'as dit, Samuel; oui, par mon patron, tout cela est merveilleusement confortable. Le confort, vois-tu, Samuel, est une invention anglaise. On ne le connaît, on ne le goûte, on ne le sent qu'en Angleterre.

— J'ai connu un cocher français, sauf votre respect, monsieur. Ce gaillard-là buvait un verre de brandy sur le pouce, pas plus gêné que ça, monsieur. Il était trempé de pluie et rendu de fatigue, il n'en était pas moins gai, et chantait comme un pinson.

— Il chantait, mon ami; il n'était point heureux. Il n'y a point de bonheur sans confort. Or, le bonheur se compose de ces mille petites commodités qu'il est impossible de trouver hors de notre pays. Il n'y a point de chagrin qui tienne contre l'usage de ces jouissances quotidiennes.

— Vous avez joliment raison, monsieur. Ça me rappelle le jour où mon père enterra sa femme. Il était bien triste; le pauvre cher homme. La servante lui apporta sa bouteille de porter, à l'heure où il avait l'habitude de la prendre. Il la regarda d'un air très-mélancolique, vida machinalement un verre, puis un second, puis un troisième ; et, après ça, monsieur, pas plus de chagrin que sur ma main. Tout était parti.

— Influence du confort, Samuel, influence du confort ! Le confort, vois-tu, ce n'est pas seulement le moyen d'être heureux, c'est le bonheur même. N'es-tu pas heureux quand tu vois une table bien servie, les plats fumants, et les pots remplis d'ale, avec la mousse aux bords ?

— Dame, oui, monsieur, reprit Samuel ; mais il faut que j'aie faim.

— On a toujours faim quand le dîner est bon, dit solennellement M. Pickwick. Mieux vaut, pour bien dîner, un bon dîner qu'un bon appétit.

— *Amen !* répondit Samuel Weller.

Et ils montèrent se coucher dans de bons lits bien bassinés ; et ils enfoncèrent leurs bonnets de coton jusque sur les oreilles, pour ne pas prendre froid, et ils n'en dormirent pas plus profondément que n'avaient fait Gil Blas et Scipion sur l'herbe verte.

Confort est le mot d'un peuple égoïste, qui a mis son bonheur dans la satisfaction de ses appétits et de ses besoins physiques. Bien-être est le terme français par excellence : gardons-le pieusement.

VIII

CONCIERGE — PORTIER.

On lit dans la *Gazette des Tribunaux :*

* *

L'affaire Brouillard, qui se présentait hier au tribunal de simple police académique, est à coup sûr une des plus curieuses applications de la nouvelle loi sur l'usurpation des particules nobiliaires et des titres.

Le sieur Brouillard, portier d'une maison considérable de la rue de Provence, s'était cru autorisé par l'usage à prendre, sur un acte public, le titre de concierge, qui n'appartient de droit, selon le Dictionnaire de l'Académie, qu'aux gardiens de nos palais et de nos prisons. Le ministère public a vu dans ce fait une contravention à la loi et l'a déféré à la justice.

Cette singulière affaire avait attiré beaucoup de monde à l'audience. La salle de l'Institut était trop petite pour la foule des portiers et des concierges qui s'y pressaient dès le matin avec leurs épouses, leurs demoiselles et quelques autres dames de leur société. Ils venaient appuyer un confrère de leur présence et de leur sympathie.

L'espace nous manque pour reproduire dans son entier le réquisitoire du ministère public. Nous le regrettons, car c'est un des plus beaux morceaux d'éloquence que nous ayons entendus depuis vingt-quatre heures. M. le procureur académique, dont le talent agrandit toutes les questions qu'il touche, s'est élevé aux plus hautes considérations philosophiques :

« Sans doute, messieurs, s'est-il écrié avec véhémence, sans doute, il est fâcheux en soi que ce nom de *portier*, si bien fait pour les fonctions qu'il représente, soit remplacé par un autre nom, d'une étymologie incertaine, d'une signification vague, et qui ne rappelle en rien à ceux qui prétendent s'en parer, le premier et le plus essentiel de leurs devoirs, celui d'ouvrir ou de fermer la porte. Mais, s'il ne s'agissait que d'une puérile question de mots, pensez-vous que nous y tiendrions si longtemps vos regards abaissés ? Non, messieurs ; il faut voir les choses de plus haut. Ce simple changement de nom est le signe de tendances subversives et antisociales contre lesquelles doivent réagir, de toute la force de leurs convictions, les hommes aux mains de qui a été confié le drapeau de la civilisation française.

« Personne ne veut rester à la place où Dieu l'a mis ; c'est la grande maladie de notre temps. Chacun lève irrespectueusement les yeux sur les degrés supérieurs, et prétend y monter à son tour. L'ouvrier aspire à devenir bourgeois, le bourgeois veut passer grand seigneur, les portiers se font concierges, et voilà comment n'est jamais fermée l'ère des révolutions! Et pourtant, messieurs, qu'avons-nous affaire de révolutions nouvelles? Tout n'est-il pas pour le mieux dans le meilleur des mondes? Vous êtes juges, je suis procureur à l'Académie, nous avons de fort beaux appointements, qui sont toujours exactement payés : que veut-on de plus?

» Cet esprit d'inquiétude, qui remet sans cesse en question les bases de l'ordre social, est un des fruits les plus dangereux que nous ait laissés la révolution de 89. Certes, messieurs, ce n'est point moi qui méconnaîtrai les grandeurs de notre révolution ; mais ne devons-nous pas tous aussi en avoir présents à la mémoire les excès et les erreurs! Proclamons bien haut les principes immortels qu'elle a révélés au monde, mais sachons en repousser énergiquement toutes les conséquences. L'égalité est une de ses plus belles conquêtes; mais qui ne sent qu'elle dégénérerait bien vite en licence, si elle n'était maintenue par le respect des supériorités légitimes et des priviléges héréditaires! Le nom, messieurs, est la plus légitime de toutes les supériorités, le plus héréditaire de tous les priviléges. C'est à vous que je m'adresse, magistrats ; c'est à vous qu'il appartient... etc., etc. »

M. le procureur académique parla ainsi durant trois heures d'horloge avec une incomparable force de raisonnement. Tous les portiers se crurent perdus, d'autant mieux que M. Brouillard avait refusé de prendre un avocat, disant qu'il défendrait sa cause lui-même. Il se leva au milieu d'un grand silence.

« Mon Dieu! monsieur le président, dit-il, c'est pas tout ça. Je ne rougis pas de tirer le cordon, et ne suis pas le moins du monde un révolutionnaire. Mon père était portier, et c'était un brave homme. Si j'ai pris un autre nom que le sien, c'est que les choses ont terriblement changé depuis qu'il est allé *ad patres*. Il habitait une soupente où nous couchions les uns sur les autres; j'ai un très-joli petit appartement, avec jouissance d'un piano, que j'ai acheté d'occasion à un locataire qui ne pouvait pas payer son terme! Nous mangions des pommes de terre tous les soirs à souper, et le père Brouillard ne nous en donnait pas toujours à notre suffisance : je ne lui en veux pas, le pauvre cher homme! Il faisait ce qu'il pouvait. Si vous voulez un jour, monsieur le président, me faire l'amitié de venir, sans cérémonie, à la fortune du pot, manger la soupe avec nous, vous verrez comme on se nourrit chez moi. Il y a la locataire du troisième qui nous dit tous les jours :

» — Mon Dieu! monsieur Brouillard, comme vous vous nourrissez bien !

» Dame! vous sentez; quand on a de quoi. Moi, d'abord, je n'aime pas me priver; je suis comme ça. — Mon vieux bonhomme de père usait ses yeux à ravauder du matin au soir de vieilles culottes, et il n'y avait jamais un sou à la maison. J'aperçois le commis de mon agent de change dans la salle; vous pouvez lui demander si je ne lui crache pas de temps à autre de petits billets de cent. Hé! dites-donc, monsieur Bonnivet, n'est-ce pas que nous ne faisons pas mal d'affaires ensemble? — Il n'y avait autrefois à la loge que des carreaux de papier huilé; et il passait chaque nuit un tas de mauvais drôles qui nous les crevaient en criant : « Portier, quelle heure est-il! » Ou bien : « Portier, je veux de tes cheveux! » Quand on se plaignait au commissaire, il se mettait à rire. Si un garnement s'avisait aujourd'hui de casser mes vitres, il ferait d'abord connaissance avec le bâton de Jean. — Jean, c'est mon domestique, sauf votre respect, monsieur le président; —. et il pourrait bien avoir par-dessus le marché deux mots à dire à la police correctionnelle. — Enfin, moi, je n'ai rien appris qu'à lire et à écrire, tandis que mon fils est élevé dans le meilleur collége de la capitale; et, cette année même, M. le ministre en personne lui a dit à la distribution des prix du grand concours que lorsqu'on avait reçu son éducation on pouvait arriver à tout. Il a même ajouté en propres termes, et pour que personne n'en ignore : « Je suis l'organe de la génération qui s'élève! » J'y étais, parce que, voyez-vous, mon fils a eu un accessit de thème grec.

» Vous ne voudriez pas qu'un lauréat du grand concours fût le fils d'un simple portier; cela ne serait pas juste, et ce nom suffirait pour me déconsidérer aux yeux de mes locataires. Il est clair que, si mon père était portier, je dois être concierge; et, le progrès aidant, le collègue qui prendra ma place finira peut-être par s'appeler conservateur ou régisseur.

» L'épicier du coin me disait l'autre jour :

» — Est-ce que ça n'est pas vexant, père Brouillard, de s'entendre toujours dire, qu'on est un épicier? Bon pour mon père; mais moi ! Il avait une méchante petite boutique, sombre, grasse et puante; j'ai un magasin très-propre et spacieux. Il habitait sur une rue; moi, je donne sur un boulevard. Il vendait grossièrement les denrées telles qu'il les recevait; vous ne vous doutez pas de la science qu'il me faut rien que pour composer mon café moulu. Il avait des garçons de boutique; j'ai des commis de magasin. Un tonneau de mélasse et un baril de pruneaux faisaient sa devanture: j'ai l'étalage que vous savez. Il n'avait affaire qu'à des pratiques; ce sont des clients qui viennent chez moi. Et pourtant, je suis toujours un épicier. J'ai essayé de mettre sur mon enseigne : « Marchand de denrées coloniales : » on m'a ri au nez. Je mourrai épicier, comme j'ai vécu.

» Je n'en ai fait ni une ni deux, et je lui ai répondu :

» — C'est de votre faute, voyez-vous. *Marchand de denrées coloniales*, c'est trop long, jamais ça ne pourra prendre; il faut trouver autre chose, parce que ça n'est pas juste qu'on s'obstine à vous appeler épicier quand vous n'êtes plus du tout un épicier.

» Ce n'est pas pour dire; mais enfin il y a déjà un tas de gens qui ont changé leurs noms et à qui l'on n'a rien dit. Ainsi, les apothicaires, ils étaient ennuyés d'être traités d'apothicaires; ça se conçoit, parce que, dame! vous sentez... mon président : ils sont aujourd'hui pharmaciens, gros comme le bras. Les procureurs sont devenus des avoués, sans perdre la bonne habitude qu'ils avaient de prélever leur petite bûche sur les procès de leurs clients. Les liquoristes se sont faits de leur propre autorité distillateurs, et j'en connais même un qui s'intitule chimiste; il affirme qu'en fabriquant des prunes à l'eau-de-vie, il accomplit une mission qui est un sacerdoce. Les perruquiers sont d'abord montés au grade de coiffeurs; les voilà aujourd'hui artistes capillaires. Ces ignobles échoppes où se balançait un plat à barbe sont changées en salon, en études, en laboratoire, où travaillent et se perfectionnent de jeunes clercs pleins d'avenir, l'espoir de la coiffure! Nos pères disaient qu'il n'y a pas de sots métiers; nous pouvons dire, à présent, qu'il n'y a plus de métiers du tout. Les métiers se sont élevés à la dignité d'art, pour nous consoler des artistes, qui font trop souvent du métier. J'ai une fille, monsieur, une délicieuse créature, que sa vocation pousse au théâtre. Croyez bien que je m'y fusse opposé de toutes mes forces si elle n'avait dû être qu'une cabotine; mais, du moment qu'il s'agit de la faire artiste dramatique, c'est une autre paire de manches : elle a un engagement pour la compagnie du Petit-Lazari, et je peux même vous donner des billets pour ses débuts, si ça vous est agréable.

» Remarquez, monsieur le président, combien ces changements de titre sont quelquefois utiles. Aujourd'hui qu'il est devenu impossible d'avoir de vrai vin nulle part, n'est-il pas bien consolant d'en retrouver au moins le nom sur l'enseigne de cabaretiers qui s'appellent marchands de vin? La crème ne serait bientôt plus qu'un souvenir perdu sans l'éternel « Pas de crème, monsieur? » des garçons de café qui vous servent du lait.

» Mais écoutez ceci, que j'ai gardé pour le dernier. J'avais à Paris un de nos pays, qui était maître d'étude dans un collége, je veux dire dans un lycée. Il vivait chichement, et son habit était fort râpé, car il paraît qu'on ne gagne pas gros dans cet état-là. Un jour, je le vois arriver tout rayonnant; il se jette dans mes bras :

» — Félicitez-moi, père Brouillard!

» — De quoi? mon garçon.

» — Je ne suis plus maître d'étude; je suis maître répétiteur : tenez, lisez !

» Et il me montre un journal où ça y est en toutes lettres, signé... je ne me rappelle plus le nom; mais un nom de ministre, quoi !

» — Eh bien, mon garçon, qu'est-ce que tu gagnes à ça? que je lui dis.

» — Rien en argent, père Brouillard; je peux même dire que j'y perds quelque chose comme deux cents francs : mais j'y gagne au moins pour mille écus de considération.

» — Est-ce que c'est avec cette monnaie-là que tu payeras ton bottier?

» — Non, père Brouillard, mais avouez que c'est flatteur tout de même : c'est comme si, de maître d'école à cinq cents francs de gages, je passais instituteur communal à cent écus d'appointements. Vous comprenez ?

» Tout ce que j'ai compris, et ce que vous comprendrez comme moi, monsieur le président, c'est qu'il ne faut pas, en condamnant ainsi ces changements de noms, ravir aux ministres futurs un moyen simple, peu coûteux, et parfois même lucratif, de récompenser de fidèles serviteurs. »

L'orateur, après cette remarquable improvisation, a reçu avec une modestie noble les compliments de ses nombreux confrères. Le prononcé du jugement a été remis à huitaine.

La semaine suivante, on pouvait lire dans la *Gazette des Tribunaux* :

L'affaire Brouillard, qui depuis huit jours préoccupe si vivement l'attention publique, vient enfin d'avoir son dénoûment. Dès le matin, une foule énorme se pressait dans la salle d'audience, ou, pour parler un langage infiniment plus noble, dans l'enceinte du prétoire, et attendait avec impatience le prononcé du jugement; mes lecteurs et leurs concierges ne le verront pas sans plaisir.

« Le tribunal :

» Ouï le ministère public et le sieur Brouillard, défendeur, en leurs fins, moyens et conclusions;

» Vu le Dictionnaire de l'Académie, qui, selon sa louable habitude, ne nous a rien appris sur la question dont s'agit;

» Attendu que les choses de ce monde sont toutes, comme disent en leur patois les philosophes modernes, dans un perpétuel devenir, ce qui veut dire en français qu'elles changent sans cesse, et qu'il doit en être de même des mots qui les expriment;

» Vu les vers où Horace, le législateur du Parnasse romain, a exprimé cette vérité de la façon la plus naïve et la plus gracieuse :

> Ut silvæ foliis pronos mutantur in annos,
> Prima cadunt; ita verborum vetus interit ætas,
> Et juvenum ritu florent modo nata, vigentque;

» Attendu qu'en effet la position de fortune, l'éducation et le langage de ceux à qui est confié le soin d'ouvrir et de fermer la porte de nos maisons, ne sont plus ce qu'ils étaient autrefois, et que le nom de *portier* rappelant un état de choses qui a disparu, il convient d'en adopter un qui soit plus en rapport avec la vérité des faits;

» Attendu que le mot de concierge est sonore, d'une terminaison toute française, et consacré par un long usage;

» Attendu que les gardiens des palais et des musées seraient mal fondés à se plaindre qu'en se faisant appeler concierges, les portiers usurpent un titre qui leur appartient de droit; car tous les titres ont été brûlés lors de la nuit du 4 août, ceux de concierge tout aussi bien que ceux de marquis et de duc;

» Attendu qu'il convient de rappeler sans cesse à de certaines gens qu'il y a eu vers l'an 1789 une petite révolution dans les idées et dans les mœurs, et que cette révolution, en supprimant toute caste, a fait les hommes égaux devant la loi et devant la langue française;

» Attendu que cette révolution n'est pas terminée; que ceux qui prétendent en arrêter la marche sont des méchants ou des imbéciles, à moins qu'ils ne soient l'un et l'autre à la fois; que le devoir de tout honnête homme et de tout homme intelligent est d'en seconder l'action par tous les moyens qui sont en son pourvoir et dans les mesures de ses forces;

» Attendu qu'ouvrir aux roturiers et aux gens de petite condition l'entrée des titres et des noms prétendus nobles, c'est favoriser les idées révolutionnaires, d'égalité, et hâter un progrès qui d'ailleurs est inévitable;

» Vu la fable des *Deux Anes*, où la Fontaine dit qu'il n'en coûte rien de donner aux gens un nom honorable,

» Et attendu qu'au contraire donner à un homme un titre réputé plus haut que sa condition, c'est lui imposer en quelque façon la nécessité de se hausser le cœur à l'égal du nom qu'il porte, et de ne le point déshonorer par des sentiments indignes;

» Par ces motifs,

» Disons qu'il n'y a lieu à poursuivre, et renvoyons le sieur Brouillard des fins de la plainte, sans dépens. »

Ce jugement a été accueilli par un long murmure de satisfaction. Tous les concierges présents à l'audience ont ramené en triomphe le sieur Brouillard. On dit qu'une vaste souscription s'est organisée parmi eux pour offrir à leur confrère un balai d'honneur. Sur le manche en argent, on lira, gravée en lettres d'or, cette simple inscription :

A Chrysostome Brouillard,
l'avocat des concierges,
ses collègues reconnaissants.

Ce soir, la façade de toutes les maisons sera illuminée... La Bourse a haussé de vingt-cinq centimes.

IX

DISTINGUÉ — DISTINCTION.

Beaumarchais conte dans ses Mémoires que Marin le censeur, Marin le gazetier, *quésaco* Marin? se plaignait d'avoir été diffamé, lui, Marin, qui, disait-il, avait toujours rempli avec distinction les places que lui avait confiées le gouvernement. « Avec distinction! s'écrie Beaumarchais; cette distinction me rappelle un propos que le jacobin Affinati, dans un bouquin intitulé *le Monde sens dessus dessous*, fait tenir à Dieu parlant au pécheur Adam : « De toutes mes créatures, vous seul avez forfait; » avancez, maraud, que je vous timbre au front, que je » vous distingue. »

Voilà le premier sens du mot *distinguer,* le sens étymologique. *Se distinguer*, c'est se tirer de pair et se mettre hors ligne par quelque endroit, de façon à n'être plus confondu avec personne. Le mot se prend toujours en bonne part. Au temps où la saveur étymologique des expressions ne s'était pas encore éventée, on disait d'un brave homme de guerre qui s'était signalé par quelque action d'éclat : « C'est un officier de *distinction*, » et l'éloge n'était pas médiocre. On entendait par là qu'il était comme marqué au front d'un mérite si supérieur, que les yeux le choisissaient entre tous et s'arrêtaient sur lui. M. Cousin, qu'une longue familiarité avec les femmes du xviie siècle a mis au point de parler naturellement leur langue, dit de mademoiselle Scudéry qu'en ressemblant dans les dix volumes de son *Cyrus*, comme en un vaste tableau, avec les plus grands seigneurs et les plus grandes dames de la cour, les personnages de différents ordres, à qui pouvait manquer la naissance, mais que relevaient le mérite et l'esprit, elle embrasse et exprime en ses diverses parties les côtés les plus *distingués* de la société française. Il ajoute, quelques pages plus loin, que le langage des personnes qui fréquentaient l'hôtel de Rambouillet était à la fois d'une adorable négligence et d'une haute *distinction*. Vous sentez assez, dans ces deux passages, la force du mot. On peut dire en bref qu'au bon temps de la langue il y avait toujours dans ces termes de *distingué* et de *distinction* comme une idée de mérite éclatant et hors de toute comparaison.

Revenons chez nous, s'il vous plaît, dans la langue du XIX° siècle. L'empreinte si nette et si vive dont les avait marqués l'étymologie s'est effacée peu à peu par l'usage et le frottement. Cherchons ensemble ce qu'ils ont perdu de leur poids et de leur valeur.

Vous voyez se présenter dans quelque cercle un monsieur qui, au premier abord, vous semble fait et mis comme tout le monde; cependant il y a dans l'ensemble de sa personne un je ne sais quoi qui attire et qui prévient, sans que vous puissiez vous en rendre compte. Vous l'observez de plus près; vous entrez dans le détail. Sa physionomie ne dit rien, mais elle laisse deviner que c'est uniquement par discrétion; ses yeux ne sont pas très-expressifs, mais on sent qu'ils pourraient le devenir et se tiennent au repos. Sa toilette est celle de tout le monde et n'a rien qui marque, mais vous apercevez, dissimulée et perdue dans les plis de la cravate, une riche épingle en diamants; un mouvement de bras laisse entrevoir aux manches deux brillants que l'habit recouvre aussitôt. Sa conversation se compose des banalités ordinaires, mais il semble retenir ses idées plutôt que n'en pas avoir; on dirait qu'il côtoie sans cesse le bord d'un mot spirituel, où on lui sait gré de ne pas tomber, pour ne pas effrayer ces dames : il a des sourires mystérieux, où l'on soupçonne un monde de malices qui ne passent jamais le pli de ses lèvres; ses gestes sont courts et rares; ils décèlent la pensée plus qu'ils ne l'expriment; le ton de sa voix est bas et quelque peu uniforme; le sentiment n'y perce point, mais ce doit être par une secrète pudeur qu'il a de se montrer; enfin vous admirez dans toute sa personne une composition savante de demi-teintes et de nuances qni se fondent dans un harmonieux ensemble, un art exquis et délicat de jeter un voile sur les qualités qu'on possède, pour qu'elles se devinent, sur celles qu'on n'a point, pour qu'elles se supposent. On vous demande votre avis sur ce monsieur: vous ne croyez pas que ce soit un homme supérieur; vous ne le regardez pas non plus comme un homme absolument nul; vous auriez regret à dire que c'est un homme médiocre; vous vous tirez d'affaire : c'est un homme *distingué*.

Je rencontre sur le boulevard un de mes amis, qui me parle d'un volume de poésies nouvelles qu'il vient d'acheter et de lire.

— Est-ce bon? lui dis-je.

— Bon? on ne peut pas dire que ce soit bon; il n'y a pas une pauvre idée tout le long du volume.

— C'est donc mauvais?

— Encore moins; les vers sont bien faits et par un homme qui s'y entend; quelques-uns même pourraient être signés du maître. A les étudier de près, on y trouve des images neuves, d'agréables détails, un choix très habile de rhythmes qui flattent l'oreille ; oh ! ce garçon est un poëte *très-distingué !*

— Ce mot me suffit ; je sais que penser du livre.

Nous entrons à l'Opéra-Comique, un jour où l'on donne quelque œuvre nouvelle de M. Ambroise Thomas ou de M. Massé. La partition est pleine d'intentions mélodiques, et il y a peu de mélodie. Elle fait croire à tout instant qu'elle va toucher, et elle ne touche point. Elle abonde en ravissants détails, qui sont dissimulés et comme enfouis dans l'orchestre par la savante et discrète habilité du compositeur. Ce sont des traits de hautbois, des soupirs de cor, des bruissements de violon, de petits cris de flûte : que de jolies choses, mon Dieu ! comme tout cela est charmant, gracieux ! c'est, en vérité, de la musique bien *distinguée !* M. Meyerbeer et Rossini font de la grande musique.

— Eh bien, monsieur, que faites-vous de mon fils ? demande une tendre mère au professeur du jeune homme.

Ce fils est un bon, honnête et consciencieux garçon, d'un esprit assez commun, mais qui ne laisse pas de remettre tous les jours des devoirs pleins de qualités solides, comblés d'intentions vertueuses, et d'où il a soigneusement effacé toute trace d'originalité future.

— Madame, répond le professeur en s'inclinant, monsieur votre fils est un élève bien *distingué.*

La mère s'en va ravie de l'éloge ; mais qu'en penserait un oncle ?

Au fond, vous voyez que, dans le langage de la conversation moderne, la *distinction* ne consiste plus à trancher sur la foule par un mérite éclatant, mais à s'y confondre au contraire, en sachant toutefois s'en *distinguer* par des qualités discrètes et d'une nuance tendre. Un exemple composé de locutions toutes faites rendra cela bien sensible : on dit d'une femme qui est *habillée comme tout le monde*, mais dont la toilette *n'est pas celle de tout le monde*, qu'elle a une *mise très-distinguée*. C'est donc là aujourd'hui un de ces mots ondoyants, dont le sens flotte de l'estime au mépris, sans presque jamais toucher ni à l'un ni à l'autre.

Lorsqu'un terme change d'acception, c'est ordinairement que les idées qu'il exprimait ont disparu pour faire place à d'autres plus nouvelles. Toute révolution dans les mœurs a son contre-coup dans la langue, et c'est ce qui en rend l'étude si curieuse.

Il y avait en France, avant 89, quarante ou cinquante mille personnes, un peu plus, ou peu moins, qui comptaient pour quelque chose dans l'État : elles s'étaient donné le nom d'honnêtes gens. On ne parlait point des autres vingt-huit millions, gens du commun, bons tout au plus pour faire pousser du blé ; c'était la canaille, le peuple : cela n'existait point. Un honnête homme eût haussé les épaules si on lui eût dit qu'il y avait en lui de quoi le *distinguer* de ces êtres-là. Qu'avait-il, je vous prie, de commun avec eux ? Non, pour un homme de sa sorte, la *distinction* était d'illustrer par quelque endroit ces avantages de naissance, de fortune et d'éducation, dont il ne faisait plus état, les partageant avec ce qui était pour lui *tout le monde.* La Bruyère, à qui il faut revenir sans cesse parce que personne n'a parlé avec plus d'étude une langue plus propre, disait qu'après le mérite personnel, ce sont les éminentes dignités et les grands titres dont les hommes tirent le plus de *distinction* et d'éclat. La Bruyère, qui est un orfévre de style, avait ses raisons pour donner la première place au génie ; et je ne sais pas trop ce qu'en eût pensé le prince de Condé, son protecteur, qui était mieux placé que personne pour faire la comparaison. Mais tous deux se seraient entendus sur le sens très-précis que donnaient à ce mot les quarante mille honnêtes gens qui composaient la bonne compagnie d'alors, ou, pour parler plus congrûment, qui étaient la nation.

En 1793, ces quarante mille honnêtes gens se *distinguèrent* par une merveilleuse promptitude à faire leurs malles, et ce fut le dernier beau jour de la *distinction.* Le peuple fit un grand feu de joie de beaucoup de choses qu'il n'avait pas connues par leurs agréments, et la bonne compagnie se trouva du nombre ; un peu plus tard, quand tout ce qu'on avait brûlé vint à renaître de ses cendres, et qu'on se remit à parler de *bonne compagnie,* il n'y eut plus personne qui ne voulût en être. Quatre ou cinq millions d'hommes se présentèrent à la fois. Ce fut comme au théâtre, après une première représentation : « Tous! tous! tous! » C'est alors que les gens qui n'aimaient point les cohues commencèrent à dire : « Distinguons, messieurs, distinguons. La bonne compagnie ne peut être la cour du roi Pétaud. Nous n'y voulons point de malotrus ; montrez-nous, s'il vous plaît, par où vous vous *distinguez* des malotrus, et nous vous admettrons alors commme un homme véritablement *distingué*. Allons! faites vos preuves! »

En quoi consistent ces preuves? A quel prix s'achète la *distinction* ?

Le Français est vain; je ne donne pas cette vérité comme neuve, mais simplement comme vraie. Un homme qui a de l'orgueil fait ce qu'il doit ou ce qu'il veut, et ne tient nul compte de l'opinion d'autrui. Celui qui n'a que de la vanité agit pour être applaudi des autres, et surtout pour n'en être pas moqué. L'homme le plus brave en France a peur du ridicule, et, comme on est toujours ridicule pour les autres lorsqu'on fait autrement qu'eux, il s'est établi peu à peu cette loi, que, pour être *comme il faut*, il faut être *comme tout le monde*. Et de là viennent ces expressions si fréquentes dans notre langue : « *Cela se fait; cela ne se fait pas; cela ne ressemble à rien; cela est convenable;* ce jeune homme *a du monde, il sait son monde; on n'a jamais parlé ainsi*, etc. » Ainsi les preuves que la bonne compagnie est en droit d'exiger de qui prétend être admis par elle, c'est une parfaite connaissance du patron convenu, avec une ferme intention d'y être toujours fidèle. L'esprit n'y est point indispensable, mais il ne nuit que si on le montre.

La *distinction* moderne se compose donc de deux idées, qui semblent s'exclure au premier abord, mais dont on peut maintenant comprendre l'affinité secrète : « n'être pas *du commun*, et être *comme tout le monde.* » L'homme *distingué* ne se laisse pas confondre avec les malotrus ; il se tire de pair : c'est de là que lui vient son nom, qui date de 1789 ; mais en revanche, soit par nature, soit par étude, il s'efface dans la foule des gens *comme il faut*, qui sont, tout aussi bien que lui, des hommes *distingués*.

Il n'y a dès lors rien d'étrange à ce que le mot puisse être, selon la circonstance, ou un éloge ou une critique. Mais la banalité même de l'éloge fait qu'il commence à n'avoir plus de prix, et que nous voyons l'épithète rouler d'année en année, sur une pente rapide, vers un sens injurieux. Le jour n'est peut-être pas loin où *distingué* ne sera qu'une nuance plus discrète et plus délicate de *crétin, goitreux* et *gâteux*, trois aimables superlatifs qui font bien dans la langue du jour.

X

DOMESTIQUE.

M. Listènes s'éveilla et prit, comme il en avait l'habitude, les journaux que son domestique déposait tous les matins sur la table de nuit. Tout en les ouvrant, il en vit tomber un papier d'un aspect fort gras, et qui était plié en forme de lettre. Il le ramassa curieusement, l'ouvrit, et ne fut pas peu étonné de lire ce qui suit :

« 28 avril 1848.

» *Liberté, Égalité, Fraternité.*

» Messieurs les gens de maison sont invités à se rendre, ce soir, à la salle de Mars, rue de la Victoire, pour y discuter sur leurs intérêts politiques et autres. La séance commencera à sept heures précises.

» *Le président du club,*

» ARTHUR FIZOLIER. »

Cela ressemblait à une circulaire, et n'en était pas moins écrit à la main. Bonne écriture, d'ailleurs, et orthographe irréprochable. Le club des gens de maison avait un président lettré. M. Listènes retourna la lettre pour voir la suscription : elle était adressée à Monsieur, Monsieur Cléobule Risembois, en ville. Il sonna, son domestique parut.

— Qu'est-ce que cela, Jean ? lui dit-il.

Jean rougit en reconnaissant le papier, et se gratta l'oreille ; il semblait chercher une réponse.

— A qui appartient cette lettre que je trouve dans mes journaux ?

— A moi, monsieur.

— Vous vous appelez Cléobule Risembois ?

— Monsieur ne sait pas même mon nom ! dit Jean avec quelque amertume.

— Pourquoi vous êtes-vous donné celui de Jean ?

— Ce n'est pas moi, monsieur. Il a passé par la tête à mon premier maître de m'appeler Jean. Jean ! je vous demande un peu, voilà du propre ! J'ai voulu reprendre mon nom véritable en changeant de condition ; mais bah ! tous les maîtres s'entendent. Le second voulait m'appeler Pierre ; il n'aurait plus manqué que cela. Pourquoi pas tout de suite Joseph ? J'ai demandé comme une grâce que l'on me conservât le nom de Jean, et depuis lors je me suis résigné ; il le fallait ! Un domestique, est-ce que cela compte ? est-ce que ça peut avoir un nom à soi ?

— Ça peut se faire mettre à la porte, citoyen Cléobule Risembois. Vous êtes donc, à ce que je vois ici, invité à vous rendre au club pour y discuter sur vos intérêts politiques ?

— Et autres. Oui, monsieur.

— Et autres! soit, et vous comptez y aller?

— Si monsieur le permet.

— Et qui m'ouvrira la porte ce soir? qui me donnera mon bougeoir et mes pantoufles?

— Le portier, monsieur; il est prévenu.

— Les concierges ne vont donc point au club des gens de maison?

— Oh! monsieur, des portiers! ça serait du propre!

— Vous avez raison, citoyen Cléobule Risembois, je trouverais indécent que mon concierge allât au club.

— Monsieur a tant d'esprit!

— Mais, comme je n'entends pas que mes domestiques y aillent davantage, je vous préviens, citoyen Cléobule Risembois, que, si vous y mettez le pied ce soir, vous ne rentrerez jamais chez moi. Vous m'avez compris, Jean?

— Monsieur s'exprime avec une grande clarté.

— Eh bien, que ce soit dit une fois pour toutes, et faites-moi le plaisir de cirer mes bottes.

M. Listènes se trouva de loisir après son dîner.

— Parbleu! pensa-t-il, je ne serais pas fâché de voir ce que peuvent dire ces coquins, en attendant qu'ils nous égorgent.

Il avait en poche la lettre de son domestique; il la présenta au contrôle; on l'introduisit avec des égards qui lui donnèrent une assez fâcheuse idée de la réputation du citoyen Cléobule. Il craignait d'être reconnu dans la salle et chassé comme un faux frère; mais il eut soin de se placer dans un endroit sombre, et personne ne fit attention à lui.

L'aspect du club était curieux. Messieurs les gens de maison y étaient venus avec les insignes de leurs grades. Des cochers ventrus et poudrés, de prodigieux chasseurs surmontés de plumets triomphants, et des valets de chambre tout chamarrés d'or formaient la partie aristocratique de cette réunion.

Ils étaient réunis en un petit groupe que les poëtes eussent aisément comparé à un bouquet de fleurs. Ils s'entretenaient entre eux et ne paraissaient point se mêler au reste de la foule. C'était la droite de l'assemblée. Le centre ondulait de redingotes marron. M. Listènes en reconnut deux ou trois pour les avoir vues, dans leur jeune temps, sur le dos de ses amis. Quelques bonnets de coton blanc tranchaient sur ce fond sombre et signalaient les marquis de la casserole. La gauche était peuplée de barbes farouches et de manches de chemises retroussées jusqu'au coude. Il y fleurissait des cravates démocratiques et des casquettes dont la forme était tout à fait propre à terrifier la réaction.

La tribune était pleine de femmes. Quelques-unes étaient vraiment jolies et souriaient pour montrer leurs dents. Mais c'était le petit nombre. La plupart ressemblaient à des cuisinières, et ne manquaient sans doute pas de bonnes raisons pour justifier cette ressemblance. Elles mettaient les poings sur les hanches et criaient; courtes, grosses, grasses, rouges d'opinion et de figures rougeaudes, fâcheuses à voir et plus encore à sentir.

Le président agita sa sonnette et ouvrit la séance. Il déplia un papier et lut un petit discours qui n'était pas trop mal fait.

— Mes chers collègues, leur dit-il, nous vous avons convoqués pour délibérer sur une importante question, qui touche de près ce que nous avons de plus cher et de plus délicat, je veux dire notre honneur. La loi exige, comme vous le savez, que nous ayons un livret où soient inscrites les différentes étapes de notre fortune. Elle appelle ce livret : *livret des domestiques.* Il a paru, à quelques-uns d'entre vous, mes chers collègues, que ce mot de *domestiques,* emportant avec soi je ne sais quelle idée d'infériorité et de mépris, n'était plus en rapport ni avec nos instincts ni avec notre position. Ils ont proposé d'adresser une pétition à l'Assemblée nationale. On y demanderait que ce terme fût retranché de la loi, comme injurieux pour une classe de citoyens, et on en proposerait un autre pour le remplacer. La discussion est ouverte. C'est l'auteur de la motion, le citoyen Fripouillet, qui a la parole. »

Le citoyen Fripouillet se leva du coin des barbus, et courut au bureau en bousculant tout le monde. Il roula sur l'assemblée des regards terribles, étendit vers les assistants son bras noir de poils, et enfonçant d'un formidable coup de poing le bois de la tribune :

— Frères et amis, il n'y a qu'un mot qui serve et ce n'est pas la peine d'en dire bien long, puisque nous sommes tous du même avis. Nous ne voulons pas qu'on nous appelle domestiques. Si c'étaient les maîtres qui fussent domestiques, comme ça doit arriver un jour, je ne dis pas. Ceux-là méritent tous les noms qu'on voudra leur donner. Ce sont tous des propres à rien et des canailles. Mais nous, qu'on nous traite comme on ne traiterait pas des chiens! Nous sommes libres, nous sommes électeurs, nous sommes éligibles, nous sommes tout autant qu'eux. Pourquoi donc serions-nous leurs domestiques? Qu'un sous-préfet ou qu'un chef de bureau soient traités de domestiques, à la bonne heure! mais nous! cela est indécent. On m'a dit qu'en 93, au temps de l'autre république, Robespierre avait supprimé ce nom-là; il n'y avait plus que des *officieux*. Certainement, j'aimerais encore mieux avoir trente mille francs de rente; mais enfin, servir pour servir, c'est plus flatteur d'être un *officieux* qu'un *domestique*. Je demande qu'on fasse la pétition tout de suite, et que nous la signions tous. La maison où je suis valet de chambre...»

L'orateur fut interrompu en cet endroit par un ricanement qui partait du banc des aristocrates. Il leur jeta un regard furieux.

— Qui est-ce qui se permet de rire quand je parle?

Personne ne souffla. Il attendit quelques secondes, les bras croisés, et reprit :

— Je disais que je suis valet de chambre chez un pur. Il se chargera de notre pétition, il la remettra à l'Assemblée, et je vous prie de croire qu'en la voyant signée d'hommes comme nous, on la prendra en considération. Je voudrais bien voir qu'on eût l'air de nous...

L'orateur, ne trouvant point le mot propre, acheva sa pensée par un geste significatif. Il descendit de la tribune et regagna sa place, où ses amis, les barbus et les purs, lui serrèrent la main avec effusion.

— Messieurs, reprit le président, la parole est à M. Rosambeau contre la motion.

— Comment! contre la motion? s'écria Fripouillet de son banc. Et vous permettez cela, monsieur le président?

— Mais sans doute, balbutia le président ému. Que voulez-vous que je fasse?

— Mais alors où est la liberté? A quoi ça nous sert-il d'avoir fait une révolution? Citoyens, il y a ici des réactionnaires. Je dénonce les réactionnaires.

— A bas les *réacs!* crièrent quelques voix.

Réac était un mot du temps, ainsi que *démoc-soc*, et tant d'autres qui naissent, tout grouillants, d'une révolution, comme les crapauds d'une pluie d'orage.

L'orateur était cependant monté à la tribune. C'était un vieux bonhomme, très-poudré, et qui portait encore la queue. Il avait l'air bienveillant et digne, une voix chevrotante et cassée, mais d'un timbre clair, et qui s'entendait au loin.

— Messieurs, dit-il, je ne sais pourquoi vous en voulez tant à ce nom de domestique. J'ai toujours servi dans une grande maison, où je le porte depuis que je suis au monde, et je n'ai jamais vu qu'il eût rien d'avilissant.

J'ai souvent même entendu M. le marquis regretter le temps où M. le duc, son illustre père, était domestique chez un des princes du sang royal. Il me semble que nous pouvons accepter, sans honte, un nom dont s'honoraient les plus grands seigneurs du temps passé.

— *Zut* pour les grands seigneurs! glapit une voix, qui devait être celle d'un marmiton.

— Ce mot me semble assez peu poli, ou pour parler votre jargon, peu parlementaire; mais je laisse les grands seigneurs, puisque leur souvenir vous déplaît. Je me souviens fort bien d'avoir entendu conter à feu mon grand-père, qu'un homme d'infiniment d'esprit et de talent, qui a écrit de fort beaux livres, un nommé la Bruyère, tenait à grand honneur d'être domestique chez les princes de Condé. Un certain Molière, dont vous avez vu quelquefois le nom sur les affiches de la Comédie-Française, était plus estimé comme domestique du feu roi Louis XIV que comme poëte; et il paraît que c'est un poëte admirable. Un titre que n'ont pas répudié les hommes les plus célèbres n'est pas fait, ce me semble, pour nous choquer, nous qui sommes précisément des domestiques.

» Pour moi, je n'y fais pas tant de façons : je suis né dans la maison de M. le duc; j'ai fait sauter, sur mes genoux, M. le marquis, son fils, chez qui je resterai jusqu'à ce que Dieu me rappelle à lui. Tout le monde m'y a toujours considéré comme faisant partie de la famille. Quand mon maître parle de moi, et qu'il me dit en me frappant sur l'épaule : « C'est mon vieux domestique, » il a presque des larmes dans les yeux, et j'ai grand'peine à m'empêcher de pleurer ; mais je vous prie bien de croire que ce n'est pas de chagrin. Il me donne par-ci par-là quelques autres petits noms d'amitié ; il m'appelle souvent, par exemple, son fidèle *Caleb*. Je crois bien que c'est un mot d'auteur, parce que M. le marquis est un savant, qui a toujours le nez fourré dans les livres. Mais j'aime encore mieux le nom de domestique ; celui-là me rappelle que je suis né, que j'ai vieilli, que je mourrai dans la maison de M. le marquis, que j'y ai vu trois générations qui m'ont aimé tour à tour, et à qui je l'ai diablement rendu ; il n'enferme pour moi que les idée les plus riantes, d'affectueux égards d'un côté, d'absolu dévouement de l'autre ; je veux rester jusqu'à la fin de mes jours le serviteur le plus reconnaissant et le plus fidèle, le chien le plus soumis au plus tendre des maîtres, qui me nourrit de son pain, et, pour tout dire d'un mot, son domestique.

Un long murmure suivit ce discours, qui avait fait impression sur l'assemblée ; mais le malheur voulut que l'orateur, en se retournant, montrât en plein sa queue qui flottait sur le collet de son habit.

— Va donc te faire couper la queue, vieux chien ! cria la voix d'un marmiton.

La salle éclata de rire. Il ne faut en France qu'une mauvaise plaisanterie pour répondre aux meilleures raisons du monde.

Une femme demanda la parole.

— Voulez-vous parler pour ou contre le projet? dit le président.

— Pour et contre, dit-elle avec aplomb.

C'était le moment des *Vésuviennes*. Celle-là n'était pas trop laide; tout le monde voulut l'entendre. On lui demanda ce qu'elle était; elle répondit qu'elle servait dans une maison bourgeoise, qu'elle y gouvernait tout à la fois la chambre de madame, la layette de la petite fille et le dîner de monsieur. Cette façon noble et délicate de faire entendre qu'elle était en même temps femme de chambre, cuisinière et bonne d'enfant charma l'assemblée. Dix minutes après, c'était un fou rire dans toute la salle.

Mademoiselle Amanda avait bien commencé par s'occuper de la question; elle avait déclaré qu'il était fort triste, en effet, d'être une domestique; mais qu'elle n'avait jamais souffert d'être appelée ainsi, et qu'elle aurait bien vite donné son compte au maître qui lui manquerait de respect. Elle passa de là, par des transitions insensibles, à raconter toute la petite chronique de la maison Cornillet; comme quoi Madame était une chipie, qui faisait elle-même son marché, et que l'Assemblée constituante, protectrice de l'anse du panier, devrait mettre ordre à cet abus. Elle se plaignit violemment ensuite d'une camarade qui lui avait volé une excellente place et cria d'une voix flûtée, en montrant son joli petit poing rose, qu'elle lui arracherait les yeux.

— Viens-y donc! hurla une espèce de colosse habillée en femme, qui tomba, d'un saut, au pied de la tribune. C'était la fille de campagne dans toute son exubérance : dix-neuf ans, taillée en poutre; larges pieds, larges mains, large bouche, avec de petits yeux flamboyants et un gros coloris rouge broyé à l'huile sur une peau noire. Amanda fit un petit geste de dédain en la voyant.

— Pourquoi donc que tu as l'air de me mépriser? Je suis domestique tout comme toi.

— Vous, domestique? dit Amanda. Une servante d'auberge tout au plus, une *fille!*

Le colosse ne fit qu'un bond, et les deux adversaires se prirent bravement aux cheveux et continuèrent de traiter la question à coups de pied et à coups de poing. La foule se tordait de rire et battait des mains. M. le président agitait sa sonnette.

L'ordre fut rétabli par un *sergent de ville*, je veux dire par un *gardien de Paris;* car les gardiens de Paris avaient alors remplacé les sergents de ville, comme les *gardes républicaines* avaient succédé aux fameux *municipaux* de Louis-Philippe. Le peuple, qui n'a jamais aimé les gens de police, croit s'en être débarrassé quand il leur a imposé un nouveau costume et un autre nom.

Cet incident avait jeté beaucoup de trouble dans l'assemblée. Le président proposa de fermer la discussion et de voter.

— Mais on n'a pas répondu au citoyen Rosambeau!

s'écria une voix qui fit tressaillir M. Listènes. Je demande la parole.

— Vous l'avez, citoyen Cléobule Risembois.

Le citoyen Cléobule Risembois monta fièrement à la tribune, la main gauche passée dans le châle de son gilet :

— Frères et amis, après l'incroyable témoignage d'adulation qu'un homme indigne de l'être a proféré devant nous, après ce discours bas et vil où nos légitimes ennemis, ceux qui s'appellent nos maîtres...

À ce moment, Cléobule sembla perdre contenance ; il regardait fixement, et avec des yeux stupéfaits, un certain endroit de la salle, et il répétait en balbutiant : *Qui s'appellent nos maîtres... qui s'appellent nos maîtres.* Tout d'un coup, avec le geste d'un homme qui prend une grande résolution et se met au-dessus des conséquences :

— Ces maîtres, s'écria-t-il, qui viennent jusqu'ici pour nous espionner ! J'en aperçois un qui a violé notre sanctuaire. Citoyen président, je demande son expulsion immédiate.

Et il désignait du doigt la place où se tenait M. Listènes. Tous les regards se tournèrent de ce côté. M. Listènes était un original qui trouva la situation plaisante.

— Monsieur le président, dit-il d'un ton fort calme, je n'ai jamais mis un de mes gens à la porte sans lui permettre de s'expliquer ; je demande aujourd'hui la même justice, ou, si vous voulez, la même faveur. Ce que j'ai à dire ne sera peut-être pas inutile à la question qui vous occupe. Cette question intéresse les maîtres tout autant que les domestiques. Vous n'avez encore entendu qu'une des deux parties; je vous serais obligé d'écouter l'autre.

— Comment donc, monsieur! dit le président en s'inclinant fort bas. Veuillez prendre la peine de monter à la tribune.

M. Listènes s'y établit commodément, et parla ainsi :

— Vous connaissez, mes amis, un vieux proverbe qui dit qu'il n'y a pas de sots métiers. Il n'y en a pas non plus d'avilissants, quand ils sont honnêtes. Celui de serviteur à gages n'a rien de honteux; comment pourrait-il y avoir quelque idée de honte dans le mot qui l'exprime?

» Domestique ne veut pas dire autre chose qu'*homme de la maison*. C'est le sens du mot latin d'où il a été tiré. Ce que vous a dit M. Rosambeau est parfaitement vrai. Ce terme était autrefois un titre de gloire. On regardait comme un honneur de se dévouer à une autre personne, de lui rendre, en échange de son hospitalité, tous les services qu'elle pouvait réclamer; et cet honneur était brigué par les plus honnêtes et les plus illustres personnages du royaume.

» Les mœurs ont changé, je le sais. On n'aime plus guère se soummettre à un homme qu'on regarde comme son égal, et qui l'est en effet ; c'est une nécessité que l'on subit, mais on n'y voit rien de glorieux. Tout le monde aujourd'hui sent frémir en soi je ne sais quelles idées d'indépendance, et j'avoue que ces idées semblent singulièrement rabattues par ce mot de domestique. Il a pris un sens méprisant dans certaines phrases.

» Il est certain qu'en traitant un sous-préfet de domestique, on n'entend pas lui faire un compliment. Le mot peut être désagréable au sous-préfet; mais, je vous le demande, pourquoi le serait-il aux domestiques?

» Au fond, il n'y a personne qui soit tout à fait indépendant, et nous sommes tous les domestiques les uns des autres. Oui, citoyen Cléobule, je suis votre domestique plus encore que vous n'êtes le mien. Vous m'allumez mon feu et me cirez mes bottes, cela est vrai; mais, moi, je vous nourris, je vous loge, je vous habille, je vous chauffe et vous paye. Croyez-vous que je gagne sans peine les douze cents francs que vous me coûtez par an? Souvent, quand vous entrez le matin dans ma chambre, pour la faire, vous me trouvez à mon bureau; vous m'y voyez encore le soir, quand vous allez vous coucher. Que fais-je là? je travaille pour moi et pour vous.

» Soyez sûr que le plus *domestique* des deux n'est pas toujours celui qu'on pense. Vous m'obéissez, citoyen Cléobule Risembois, et souvent très-mal, quand je vous demande de brosser mes habits. Je vous obéis, et toujours très-bien, quand vous venez à la fin du mois me demander vos gages. Tous les services que vous me rendez ne sont-ils pas un commandement que vous me faites de travailler, afin de vous en solder le prix? Vous trouvez les domestiques bien malheureux de servir; les maîtres sont bien plus à plaindre d'être servis par vous. Vous souffrez de m'avoir pour maître, citoyen Cléobule; mais moi, pensez-vous que je ne souffre pas de vous avoir pour serviteur?

» Croyez-moi, nous ne nous devons rien l'un à l'autre. Mais vous êtes dans ma maison, vous y mangez mon pain, et, à ce titre, vous êtes mon domestique, c'est le nom le plus honorable et le plus doux que je puisse vous donner. C'est à vous de ne point avilir un terme dont le sens est si beau. L'honnêteté de votre conduite, le dévouement que vous témoignerez à ceux qui vous nourrissent, votre exactitude à remplir fidèlement les devoirs de votre condition, feront plus honorer le nom de *domestique* que toutes les pétitions du monde. Déchirez-moi la vôtre, qui ne peut servir à rien.

» Elle n'est que l'expression de rancunes mesquines. Il faut qu'il y ait, en ce monde, des gens qui commandent et d'autres qui obéissent. Obéissez, comme vous saurez commander un jour, dignement et en homme; et ne vous inquiétez point du nom dont on vous appelle : ce nom aura toujours un sens honorable si vous êtes gens d'honneur.

» J'ai dit; et maintenant, citoyen Cléobule, je vous préviens que je serai moins cruel pour vous que vous n'avez essayé de l'être pour moi. Je garde à Jean sa place; mais je crois qu'il fera bien, au lieu de crier contre le mot *domestique,* d'être, s'il se peut, un bon domestique. »

Tout le monde se mit à rire en voyant la mine piteuse de M. Cléobule Risembois, et M. Listènes sortit suivi de Jean, qui grommelait entre ses dents :

— C'est égal, je voudrais bien le voir un jour à être domestique ! Si ça l'amuserait !

XI

ÉREINTER — ÉREINTEUR — ÉREINTEMENT.

Éreinter ! Voilà un bien vilain mot, dont la fortune a été prodigieusement rapide. Éreinter, cela veut dire, au propre, *fouler* ou *rompre les reins*. En cette acception, le mot n'était pas reçu dans la bonne compagnie. On eût tué une jolie femme plutôt que de lui faire avouer qu'elle s'était *éreintée* à la promenade. On prend aujourd'hui ce terme dans un sens métaphorique, et il arrive, tout naturellement, sur les lèvres des personnes les plus distinguées, sous la plume des écrivains les plus délicats. On dit d'un orateur que son discours est un éreintement du ministère ; ou d'un journaliste, qu'il a éreinté un livre ou un tableau ; on appelle *éreinteurs* ceux qui ont ainsi l'habitude d'éreinter : MM. Granier de Cassagnac et Veuillot s'étaient fait une grande réputation en ce genre, l'un dans le sacré, l'autre dans le profane.

Le mot, pris en ce sens, peut s'appliquer indifféremment

à tous les hommes, quelle que soit la profession qu'ils exercent. Ainsi l'on dira fort bien d'un cordonnier qui dépréciera les articles de son confrère, qu'il *éreinte la marchandise* des autres. Mais il est plus spécialement réservé aux orateurs et aux journalistes, et surtout à ces derniers. C'est leur souvenir qui vient le premier à l'esprit, quand on entend parler d'*éreinteur* et d'*éreintements*. Le mot est né chez eux et a été fait pour eux.

Il ne me paraît pas qu'il date de fort loin. Je crois même, sauf meilleur avis, qu'il est de notre génération. Cela semble assez triste pour elle, et ne fait point son éloge. Eh quoi donc! nos mœurs sont-elles devenues si sauvages, depuis une trentaine d'années, qu'il ait fallu créer un terme spécial pour exprimer les violences des gens de plume? Nous avons inventé le mot; est-ce donc que la chose n'existait pas auparavant?

Mais voici qui est assez curieux. C'est qu'au contraire les mœurs et le langage de la presse se sont singulièrement adoucis depuis soixante ans. Si l'on compare nos plus furieux *éreintements* aux *diatribes* des écrivains du temps passé, les articles de M. Veuillot lui-même paraîtront d'une douceur évangélique. M. Granier de Cassagnac semble terne et fade, quand on lit les gros mots que se prodiguaient les savants des xvie et xviie siècles.

Ces gens-là se traitaient tout uniment de *voleurs* et d'*assassins* à propos d'un vers grec. Ils épuisaient, pour mieux s'injurier, le vocabulaire de la langue latine, qui est pourtant si riche en injures. Il est impossible de traduire dans le français d'aujourd'hui la plupart des insultes qu'ils se jetaient à la figure, sans penser à mal. Notre délicatesse moderne ne les pourrait supporter.

Au XVIIIe siècle, qui fut pourtant un siècle si poli, les écrivains et les journalistes se parlaient d'un style que nous avons quelque peine à comprendre à présent. Voltaire accable ses critiques d'insultes que ne supporterait pas aujourd'hui le plus infime rédacteur de la *Casquette de loutre*. Il les compare agréablement tantôt à des chiens qui mordent, tantôt à des chenilles qu'on écrase, un autre jour à ces grosses sales mouches qui vont déposer leurs œufs dans le derrière des chevaux de race, et ne font, en les piquant, que les exciter à mieux courir. Tout le monde se rappelle ce terrible portrait d'un journaliste célèbre :

> Je m'accostai d'un homme à lourde mine,
> Qui sur sa plume a fondé sa cuisine;
> Grand écumeur des bourbiers d'Hélicon,
> De Loyola chassé pour ses fredaines,
> Vermisseau né... de l'abbé Desfontaines,
> Lâche Zoïle, autrefois laid giton :
> Cet animal se nommait Jean Fréron.

Il est vrai que ni les Fréron ni les Desfontaines n'étaient en reste avec Voltaire. Ils avaient lu la Bible, qui est un des plus beaux répertoires d'imprécations et d'injures que l'on connaisse. Ils les lançaient avec rage à celui qui les avait si bien drapés; ils le couvraient de boue. Le public riait en écoutant ces aménités, comme il fait quand il regarde sur les boulevards deux chiens qui se battent pour un os et se donnent des coups de gueule.

Nous ne voyons rien de pareil aujourd'hui. Il y a encore des querelles entre gens de lettres; le ton en est parfois plus violent et plus dur qu'il ne faudrait bien; mais nulle part, même dans les petits journaux qui ont la plume la plus libre et reculent le moins devant le scandale, vous ne trouveriez de ces outrages que les écrivains des deux derniers siècles avalaient doux comme miel.

On *éreintait* beaucoup à cette époque, et les *éreinteurs* n'avaient pas encore de mot qui les désignât. Ils ont reçu un nom depuis que les *éreintements* ont disparu. D'où vient cette bizarrerie? Pourquoi n'a-t-on parlé d'*éreintements* et d'*éreinteurs* qu'en un temps où il n'est plus d'usage de rompre les reins à personne? J'en trouve plusieurs raisons.

Vous avez quelquefois vu deux portefaix se lancer de formidables coups de poing; un honnête homme en serait assommé sur place; ils n'en font que rire. C'est qu'ils ont les os plus solides et la peau plus dure. Les écrivains du temps passé jouissaient d'une peau que les épithètes n'entamaient point. Nous avons aujourd'hui l'épiderme plus sensible. Il suffit d'une simple chiquenaude pour nous blesser. Une chiquenaude n'est pas un coup de poing, mais nous ne sommes pas des portefaix; et si, souvent, elle suffit à nous fouler ou à nous rompre les reins, il est assez naturel que nous traitions d'*éreinteur* celui qui nous la donne. Les Chinois regardent comme un grossier personnage un homme qui ne fait que dix-sept révérences à un ami avant de lui demander comment il se porte.

Le public, qui faisait cercle autour des gens de lettres, s'est considérablement agrandi depuis soixante ou quatre-vingts ans. Au temps où les savants s'appelaient *Baratrum* ou *Furcifer*, il en était de ces épithètes savantes comme des gifles ou des coups de pied qu'on se distribue en famille, ils ne comptaient pas. Plus tard même, les écrivains savaient bien n'être lus, après tout, que par un petit nombre d'hommes d'esprit, qui entendaient les choses et prenaient les mots pour ce qu'ils valaient. Quand Maupertuis, turlupiné par Voltaire, lui envoyait solennellement un cartel, Voltaire répondait qu'il était malade, et ne pouvait se battre qu'avec une seringue. Les trois ou quatre mille oisifs qui lisaient la diatribe du docteur Akakia pouffaient de rire. On les eût bien étonnés si on leur eût dit qu'il était juste que Maupertuis cassât la tête à Voltaire qui lui avait *cassé les reins*. On ne se casse généralement la tête que par égard pour l'opinion de la galerie. La galerie n'était pas nombreuse; elle ne demandait qu'à rire ; il n'y a rien de fort plaisant à voir des reins cassés ou des cerveaux démolis. On parlait alors de railleries aimables ou peut-être encore de vives diatribes; jamais il n'eût été question d'éreintement.

La presse, en multipliant à l'infini le nombre des écrivains, en leur donnant sur beaucoup de points des intérêts semblables, les a forcés de s'unir, de former en quelque sorte une corporation. Cette corporation n'est pas encore constituée, elle n'a pas ses règlements, elle n'est point reconnue par la loi. Il n'en est pas moins vrai qu'elle existe, et le jour n'est peut-être pas loin où elle s'unira en association pour des objets plus importants que la perception des droits d'auteur. Or c'est un point bien digne de remarque : aussitôt que les individus d'une même profession forment un corps, ils sont d'une susceptibilité extrême sur tout ce qui touche l'honneur du corps. La surface sur laquelle on les blesse s'étend et devient plus sensible. Voyez la magistrature, voyez le clergé. Nous n'avons pas en français un mot spécial pour exprimer ce respect dont un homme qui appartient à un corps se croit parfaitement digne. Nous finirons par prendre aux Anglais celui de *respectabilité*, qui rend fort bien cette idée. On dira la *respectabilité* des tailleurs ou des bottiers, le jour où ils se seront constitués en associations; on devrait déjà dire la *respectabilité* des gens de lettres.

Tout article un peu vif, lancé contre un écrivain, peut porter atteinte à cette considération. On ne saurait donc le flétrir d'un nom trop énergique. On a choisi celui d'*éreintement*, qui n'est pas en vérité trop beau. Éreinter, éreinteur, sont venus à la suite.

Soit! admettons le mot, puisqu'il est compris de tout le monde. Mais sachons au moins restreindre l'abus qu'on en fait, et ne pas l'appliquer à tort et à travers.

Tâchons d'en préciser le sens. Il y a deux manières de critiquer : la première consiste à dire de l'homme que l'on juge, qu'il est un *crétin*, et de son ouvrage, qu'il est une *ordure*, sans apporter aucune raison de son jugement, si toutefois cela peut s'appeler un jugement. Il faut bien avouer que c'est la plus commode et la plus en usage. Les injures sont comme les moines, on les trouve plus facilement que les raisons, et il semble à ceux qui se les permettent que l'air tranchant et décisif dont ils parlent emporte la preuve de ce qu'ils disent.

La seconde exige qu'on déduise d'abord les raisons qu'on a de trouver un ouvrage mauvais ou un homme ridicule, qu'on les mette dans leur ordre et dans leur jour; après quoi l'on conclut aussi nettement, et en termes aussi forts que l'on veut, que l'homme est ridicule et l'ouvrage mauvais.

A l'heure qu'il est, ces deux sortes de critiques sont également flétries du nom d'*éreintement* : la première seule me paraît mériter ce nom. Dire des injures ou se donner des coups de poing, c'est tout un dans la discussion ; mais assommer son adversaire, ce n'est rien prouver contre lui.

Madame de Girardin raconte qu'il y avait dans une vieille pièce du Cirque, *la Prise de Constantine*, une scène bien curieuse. Le conseil s'assemblait sous la présidence d'Achmet-Bey. Achmet expose son avis le premier; tous les autres suivent et opinent du turban. Un seul ose élever la voix : « Ah ! lui dit le pacha d'un air à peu près convaincu, c'est là votre avis? — Oui, je pense que... » Et l'orateur enhardi, développe sa pensée. « Et vous persistez dans votre opinion? — Sans doute; ma conscience... — Bien, bien, continuez. » Ce disant, il prend dans sa ceinture un pistolet et brûle la cervelle à l'honorable préopinant. Voilà un argument *ad hominem* sans réplique. Achmet, journaliste, eût été un *éreinteur*.

Mais qu'on appelle de ce nom désagréable un honnête critique qui donne son avis et le motive, cela ne me paraît pas juste. Je voudrais, au contraire, qu'il y eût un terme honorable pour désigner ceux qui n'ont de complaisance pour personne et qui regardent comme un devoir de toujours dire leur pensée nettement, franchement, sans s'inquiéter des suites. Ces gens-là ne sont pas si communs par le temps qui court! Il leur faut une certaine force de caractère pour tenir ferme contre les recommandations, contre les amitiés, et surtout contre ce plaisir naturel que l'on éprouve à obliger. Depuis longtemps la presse n'est plus guère, pour les journalistes, qu'une grande boutique à réclames. Ils s'encensent les uns les autres; passe-moi la rhubarbe, je te passerai le séné. On ne peut rompre avec ces traditions sans rompre avec tout le monde. Il est cruel d'être encore par surcroît traité d'*éreinteur*.

Gardons ce terme injurieux pour ceux qui disent des injures, et tâchons de ne le mériter jamais.

XII

EDILE — CONSEILLER MUNICIPAL.

*Humble et courte requête d'un conseiller municipal
à Messieurs de l'Académie française.*

Je soussigné, conseiller municipal de la ville de Paris, par la grâce de Dieu et de l'empereur;

Considérant que les mots sont des étiquettes collées sur les idées pour en indiquer le contenu;

Qu'attribuer à une idée le mot qui convient à une autre, c'est s'exposer à une erreur de conséquence aussi désastreuse que pourrait l'être celle d'un pharmacien écrivant « sirop de mûres » sur une bouteille d'eau de Sedlitz;

Que chacun des deux termes dont se compose le mot *conseiller municipal* enferme des idées tout à fait étrangères aux fonctions que le mot prétend désigner;

En ce qui touche le terme de *conseiller* :

Attendu qu'il est difficile de ne pas croire qu'un *conseiller* soit un homme qui *conseille*;

Qu'on serait mal fondé à soutenir que, par ce terme, il faut simplement entendre un homme qui prend part à une assemblée délibérante, à un *conseil* ou *concile* :

car, bien que ce sens au fond soit le plus conforme à l'étymologie, il n'en est pas moins vrai que dans l'usage ordinaire le mot de *conseiller* éveille chez celui qui le prononce l'idée de bons conseils à donner ou à recevoir, et c'est là encore la signification la plus commune ;

Attendu qu'un conseiller municipal, à Paris du moins, n'ayant pas droit de conseil sur la personne dont il tient lui-même toute son autorité, ne peut se permettre de donner des avis que si on les lui demande, et qu'on se garde bien de lui en demander, un bon conseil ne faisant jamais plaisir qu'à celui qui le donne ;

Attendu qu'en fait, un conseiller municipal écoute, approuve, ratifie, vote, acclame, loue, s'extasie, et que la seule chose qu'il ne fasse jamais, c'est précisément de conseiller ;

En ce qui touche le terme de *municipal* :

Attendu que cet adjectif est formé du mot *municipe*, et que ce mot rappelle immédiatement à l'esprit l'idée d'une ville qui s'administre elle-même, qui a le libre gouvernement de ses fonds et jouit de ses franchises communales ;

Attendu qu'en l'espèce cette idée est fausse, et qu'en général elle est dangereuse, étant bien prouvé par la logique et par l'histoire que ceux-là sont incapables de s'administrer eux-mêmes qui ont le plus d'intérêt à une bonne administration ; qu'il vaut mieux s'en rapporter, pour le gouvernement d'une grande fortune, à l'intelligence et à l'économie d'un intendant qu'aux yeux du véritable propriétaire, et que la plus sage de toutes les libertés est de n'en point avoir ;

Attendu que la réunion de deux termes, dont aucun, pris à part, n'est juste, ne peut former une dénomination qui le soit, et qu'il y a lieu de chercher pour ceux qu'on appelle aujourd'hui *conseillers municipaux* un mot qui convienne mieux à leurs fonctions ;

Attendu que ce mot existe, et que déjà, parmi les journaux, ceux qui ont quelque souci du beau style, et notamment *le Siècle*, s'en servent tous les jours, et disent : « Nos *édiles*, l'*édilité* parisienne ;

Attendu que ce mot, qui vient de *œdes*, maison, monument, rappelle par son étymologie toutes les maisons que nous ne cessons d'abattre, tous les monuments que nous sommes en train de construire ;

Attendu que nous voyons dans l'histoire romaine que les édiles étaient chargés de tout ce qui regarde la sûreté, la propreté et l'embellissement de leurs villes, qu'ils s'acquittaient de tous ces soins librement sous la république, et plus tard sous la haute initiative et la ferme protection des empereurs ; que nos fonctions sont exactement les mêmes, ainsi que les vicissitudes politiques par où elles ont passé ;

Attendu que, s'il est vrai de dire que les édiles étaient tenus de fournir à ces dépenses de leurs propres deniers et que nous n'avons pas les mêmes obligations, il est vrai aussi d'ajouter qu'ils dépensaient infiniment plus que leur fortune, comptant sur l'avenir pour la refaire, et qu'en ce point, nous ne sommes pas indignes de porter leur nom;

Attendu d'ailleurs que ce nom est sonore, harmonieux, commode aux poëtes qui chantent avec tant d'enthousiasmes les grandes choses de notre siècle, tandis que celui de conseiller municipal ne peut entrer dans un vers :

Par toutes ces considérations, et par d'autres qu'il serait trop long d'énumérer,

Supplie humblement l'Académie française d'abolir ces deux mots de *conseiller municipal* comme ont été abolies les idées qu'ils renfermaient, et d'y substituer les termes d'*édile* et d'*édilité*.

En foi de quoi, j'ai signé :

DURIVEAU.

XIII

EXCENTRICITÉ — RIDICULE.

C'est en 1710 que milord Kempt vint pour la première fois à Paris. Il y était secrètement envoyé par les ennemis de Marlborough, qui désiraient que l'on fît la paix avec la France. Nous étions alors fort mal dans nos affaires, battus de toutes parts, sans argent, sans pain même, et rien ne pouvait être plus à propos pour nous que l'espoir, si faible qu'il fût, d'une paix prochaine,

Milord Kempt fut fort bien reçu du roi, et toute la cour lui fit grand accueil, plus par imitation du maître que par empressement véritable, car il ne plut que médiocrement.

Ce n'était pas que milord Kempt fût un homme ordinaire; il avait l'esprit très-étendu et très-ferme, de profondes connaissances sur un grand nombre de sujets, et une éloquence naturelle qui saisissait plus encore par la force des choses mêmes que par l'agrément de l'expression. Mais ces qualités, qui étaient de mise dans le cabinet de M. de Torcy, ne pouvaient lui faire grand usage à la cour. On y remarqua qu'il était vêtu à la mode de son pays, qu'il portait ses cheveux, qu'il prononçait certains mots avec un léger accent anglais; cela surprit et choqua. Un jour, entrant dans un salon, il tint son chapeau à la main, au lieu de le mettre sous son bras; les dames commencèrent à soupçonner que lord Kempt n'avait pas de monde et ne savait pas vivre. L'une d'entre elles, plus charitable, crut reconnaître à la taille noble, aux joues pleines et roses, et surtout aux yeux expressifs du bel Anglais, qu'il n'avait péché que par ignorance, et elle s'offrit avec discrétion à lui enseigner ce qui se faisait et ce qui ne se faisait pas. Mais milord n'eut pas l'air de la comprendre, et repoussa toutes ses insinuations par un maintien qui était plus que digne. La dame, outrée, déclara qu'il était du dernier ridicule, et tout le monde répéta après elle que milord Kempt était du dernier ridicule.

La belle Célimène, que Molière a rendue célèbre en la mettant sur le théâtre, vivait encore à cette époque, et tenait ce qu'on appela cinquante ans plus tard un bureau d'esprit. Elle était toujours coquette, bien que la coquetterie n'allât plus guère à son âge, et réunissait tous les soirs dans son salon un petit cercle d'adorateurs, qui, vieillissant avec elle, ne s'apercevaient point qu'elle avait vieilli. Il lui prit fantaisie de voir ce gentilhomme anglais dont s'occupait toute la cour, et s'arrangea pour qu'il lui fût présenté. Elle passait pour recevoir la meilleure compagnie de France; milord se laissa conduire chez elle, et l'on peut lire dans ses Mémoires l'impression qu'il emporta de cette soirée. Jamais homme ne fut plus surpris. Il croyait savoir parfaitement le français; il fut étonné de ne rien entendre à ce qui se disait autour de lui. C'était un langage singulier et bizarre qui semblait être le langage courant de la maison; des mots qu'il n'avait jamais entendus nulle part, et dont tous ceux qui étaient là pâmaient d'aise; des expressions prises dans un sens tout à fait particulier, et qui le déconcertaient seul; des allusions et des réticences qui faisaient sourire ses voisins, sans qu'il pût imaginer pourquoi; des plaisanteries dont toute la compagnie éclatait, et qui lui paraissaient les plus fades du monde :

— Mon Dieu, se disait-il, quel jargon est-ce que parlent ces gens-là! ils n'ont pas encore dit un mot qui ne me semble être une sottise; et l'on croirait, à les voir si contents d'eux-mêmes et de leur conversation, qu'il n'y a d'esprit que pour eux et pour leurs amis. Je ne sais rien, en vérité, de plus prodigieusement ridicule que ces misérables coteries de petits-maîtres et de caillettes.

Comme en rêvant ainsi il avait l'air très-absorbé, une jeune femme se pencha vers Célimène, et lui dit à l'oreille :

— Voyez donc quelle figure ridicule fait ici votre Anglais !

Milord ne put entendre cette phrase, mais il la lut dans les yeux et sur les lèvres de l'aimable personne qui la prononçait, et se leva de fort mauvaise humeur.

Il se dirigea vers un groupe d'hommes, où il entendit qu'on plaisantait et qu'on riait. Ces messieurs causaient ensemble de la guerre que nous soutenions alors contre toute l'Europe :

— Oui, messieurs, disait un courtisan, il est vrai que nous avons perdu quelques batailles, mais enfin le roi se porte bien, et c'est là l'essentiel !

L'Anglais ne put retenir un geste d'horreur, et s'éloigna.

Il tomba sur trois vieux seigneurs, qui s'entretenaient avec une grande vivacité ; on eût dit qu'ils disputaient presque ; la chose en valait la peine. Le roi, au mépris des lois les plus sacrées, avait, dans le premier trouble d'une mauvaise nouvelle, passé lui-même sa chemise. Ces trois hommes, respectables par leur âge et par leurs dignités, entraient dans des raisonnements infinis sur ce renversement de tous les usages, qui faisait présager bien des malheurs. Milord Kempt haussa les épaules :

— Au moins, pensa-t-il, ceux-là ne sont que ridicules !

Il aperçut au bout du salon, dans un coin, deux jeunes gens qui s'entretenaient à demi-voix, en riant à gorge déployée. Il alla se mêler à leur conversation. C'étaient deux libertins (on nommait ainsi les indévots) qui faisaient des bons mots contre la religion et contre Dieu même :

— Eh ! messieurs, leur dit-il, je croyais vous avoir vus ce matin à la chapelle du roi. Vous étiez à genoux, et paraissiez prier avec ferveur.

— Oui, sans doute, répondit l'un d'eux ; nous ne pouvons manquer aux offices de la chapelle du roi : cela serait du dernier mauvais goût.

— Mais vous parlez de ces cérémonies comme feraient les plus incrédules ?

— Nous en parlons comme tout le monde. Vous ne prétendez pas que nous nous rendions ridicules ?

Milord Kempt ne répondit pas ; il sentait fortement, car il était Anglais ; et cette légèreté de caractère le jetait dans une indignation violente.

— Eh quoi ! s'écriait-il au fond de son cœur, leur religion même est une affaire d'usage ! Il y a chez eux des années où il est ridicule de croire en Dieu ! Peuple de perroquets et de singes !

On apporta des gâteaux et des liqueurs ; la compagnie se réunit tout entière autour de la table, et, je ne sais comment, on en vint à parler du comte Alceste. Célimène fut la première à l'accommoder de toutes pièces, et tous se mirent bientôt de la partie. Chacun à son tour prit plaisir à conter mille traits de sa bizarre et brusque mauvaise humeur. Ces anecdotes faisaient rire aux éclats Célimène, et toute l'assemblée riait en chœur avec elle. L'Anglais était le seul que cette conversation ne pût dérider.

— Madame, dit-il enfin, pourriez-vous me dire où s'est retiré le comte Alceste quand il a pris la résolution de fuir vous et la cour?

— Je ne sais, répondit négligemment Célimène; on prétend qu'il est allé se faire laboureur, et qu'il cultive lui-même ses terres. Il ne lui manquait plus que cela pour l'achever de peindre!

Philinte alors prit la parole, et donna sur son ami les renseignements que l'on demandait. A peine milord Kempt les eut-il reçus, qu'il se leva brusquement comme pour prendre congé.

— Vous nous quittez déjà! dit Célimène; et où allez-vous donc, milord?

— Où je vais? reprit l'Anglais avec force, où je vais, madame? je vais à l'instant même prendre la poste, et serrer la main du seul Français qui ne soit pas ridicule.

Et il sortit précipitamment. La compagnie se regarda en silence avec un air de se dire : « Est-ce qu'il est fou? » On se mit alors à parler des Anglais : on convint qu'ils étaient tous ridicules, et on les plaignit fort de n'être pas nés en France. Tout le monde tomba d'accord qu'il n'y avait qu'à Paris que l'on eût du bon sens, et que le salon de Célimène était le seul où l'on sût causer avec esprit.

Et cependant milord Kempt, furieux, courait en poste sur la route de Normandie ; il allait rendre visite au comte Alceste, chez qui nous allons le retrouver.

La connaissance est bientôt faite entre deux honnêtes gens. Milord Kempt et le comte Alceste n'étaient pas ensemble depuis une heure qu'ils causaient déjà, comme de vieux amis, à cœur ouvert. Le nom de Célimène vint à tomber dans la conversation ; Alceste rougit et ne put cacher son trouble :

— Vous voyez, dit-il avec un sourire triste, l'âge n'y fait rien, et je ne suis qu'un vieux fou.

Et il ajouta, non sans une certaine inquiétude :

— Vous aussi, n'est-ce pas, vous devez me trouver bien ridicule ?

— Ridicule ! s'écria l'Anglais avec chaleur, ridicule ! et pourquoi donc, s'il vous plaît? Parce que vous avez passionnément aimé une coquette qui n'était pas digne de vous? S'il y a quelqu'un de ridicule en cette affaire, c'est assurément la femme qui, pouvant épouser le plus honnête homme de France, lui a préféré la compagnie des vieux fats et des jeunes écervelés de la cour.

Alceste se leva en silence, et alla prendre dans sa bibliothèque un livre qu'il tendit à son nouvel ami, milord Kempt.

— Tenez! lui dit-il, lisez ce volume, et vous verrez si tout le monde est du même avis que vous.

Milord Kempt regarda le titre : c'était *le Misanthrope*.

— Qu'est-ce que cela prouve? dit-il : que Molière est le plus immoral de tous les écrivains.

Alceste fit un geste de surprise.

— Oui, le plus immoral; un homme de génie, si vous voulez, mais avant tout l'homme du roi, payé par lui pour abaisser le cœur de ses sujets, pour en faire, au lieu d'hommes, des singes, ou pis encore, des courtisans.

— Halte-là! s'il vous plaît, milord. J'ai peu connu Molière; mais je puis vous assurer que c'était un honnête homme et un cœur loyal, qui n'a jamais vendu sa plume.

— Non, sans doute, et vous prenez mes paroles trop au pied de la lettre. Je veux dire seulement que Molière a toujours écrit pour le roi et pour sa cour, jamais pour la nation.

— Vous oubliez que la comédie de *Tartufe* est un service rendu au genre humain tout entier.

— Soit, mettons à part le *Tartufe*, que votre roi a eu le bon esprit de comprendre et de protéger. C'est même le plus bel endroit de sa vie. Lisez les autres pièces de Molière : y voyez-vous jamais qu'il ait dit à ses concitoyens:

« Soyez bons, soyez justes, soyez indépendants ; en un mot, soyez hommes? » il s'en est bien gardé. Un peuple d'hommes eût été un furieux embarras pour le grand roi. Non, il leur a dit et répété sur tous les tons : « Soyez comme tout le monde. » Comme tout le monde ! c'est-à-dire comme messieurs tels et tels, qui sont eux-mêmes comme le roi. « Et ne vous avisez pas d'avoir plus de probité ni plus d'esprit qu'ils n'en ont, ou je vous couvrirai d'un tel ridicule qu'il ne vous sera plus possible de reparaître dans le monde. » Vous aviez autrefois des femmes qui lisaient, qui étudiaient, qui se rendaient capables d'élever leurs fils et de leur former une âme : c'était un abus, Molière y a mis bon ordre, et je ne donne pas cent ans à votre pays pour qu'on n'y trouve plus une femme avec qui l'on puisse causer d'autre chose que d'amour ou de chiffons. Une femme savante ! quel ridicule !

« Je n'ai guère vu en France qu'une classe d'hommes qui fussent presque tous d'honnêtes gens et des gens instruits ; c'est la classe bourgeoise. Molière s'en est si bien moqué, qu'elle est à présent comme abêtie par la peur d'être ridicule. Les médecins, ridicules ! Comment donner sa fille à un médecin ? Les avocats, les professeurs, les philosophes ; tous ces gens-là savent quelque chose et peuvent un jour devenir à craindre : ridicules, ridicules ! Un bourgeois s'ingère sur ses vieux jours d'apprendre l'orthographe qu'on aurait dû lui enseigner plus tôt : ridicule ! Un autre fait à une catin de bonne maison l'honneur de l'épouser : ridicule! ridicule! Il faut apprendre à ces vingt-neuf millions de marauds qu'ils ne sont rien, et ne peuvent échapper que par le silence au ridicule, qui est plus terrible en France que le mépris. Enfin il y avait par hasard à la cour un homme qui n'était ni une canaille infâme comme Dorante, ni un vil pied plat comme Acaste, un homme d'honneur, passionné pour le bien, et capable de tout braver pour dire une chose vraie ou pour faire une bonne action, un républicain...

— Un républicain! interrompit Alceste, j'ai toujours servi fidèlement le roi.

— Le mot vous choque, reprit l'Anglais; un homme libre ou, si vous l'aimez mieux, amoureux de la liberté, qui voyait certains abus avec tristesse, et quelques autres avec horreur, qui pensait franc et parlait haut... Ah! vous étiez dangereux, mon cher ami, dans un état monarchique; vous raisonniez ferme et serré : cela était grave; si cette contagion de logique eût gagné la nation, c'en était fait de votre absurde gouvernement. Et voilà pourquoi vous avez été mis au ban de la cour; on avait peur de vous. C'est Molière qui s'est chargé de vous montrer au doigt et de dire à la foule : « Vous voyez ce monsieur aux rubans verts, c'est un homme prodigieusement ridicule, car il ne pense et n'agit comme personne. » Eh! non, morbleu! il n'est pas ridicule de n'être pas comme tout le monde, quand c'est tout le monde qui est ridicule!

Milord Kempt parlait d'un ton véhément; le comte paraissait l'écouter avec une attention profonde :

— Il me semble, dit-il après quelques instants de silence, que la plupart de ces observations sont assez justes; et cependant il y a au fond de moi-même comme un sentiment de révolte contre des idées que ma raison approuve. Et j'entends une voix secrète qui me crie que Molière ne fut point si coupable, et que mes compatriotes ne sont pas si méchants.

— C'est la voix du préjugé, reprit l'Anglais avec force; vous êtes né dans une monarchie; vous avez été, dès votre jeune âge, enveloppé d'idées monarchiques, votre raison en est obscurcie. Vous ne pouvez plus comprendre que le ridicule soit une plante monstrueuse qui ne croisse que sous les gouvernements despotiques. Venez en Angleterre, vous verrez que chacun y pense, parle et agit comme il l'entend, sans se soucier de l'opinion des autres. Le ridicule n'y saurait atteindre un honnête homme : nous ne savons pas même ce que c'est que le ridicule. Il y a des coquins chez nous comme partout ailleurs; c'est la loi qui les punit, et au défaut de la loi, le mépris public : mais l'honnête homme vit libre, il ne ressemble qu'à lui-même, et n'en est que plus estimé. Vos compatriotes vous ont chassé de la cour en se moquant de vous; vous seriez peut-être premier ministre en Angleterre. J'y retourne demain : voulez-vous venir avec moi?

Le comte refusa; il aimait sa patrie, et n'eût voulu,

pour rien au monde, demander l'hospitalité à ses ennemis les plus cruels. Il remercia cordialement milord Kempt, et les deux amis se firent leurs adieux, sans s'étouffer d'embrassades, mais en se serrant la main, comme il convient à des hommes.

Alceste ne songeait déjà plus guère à cette visite, lorsqu'un soir de l'année suivante, il fut bien surpris de voir entrer chez lui son vieil ami Philinte, qui lui dit après les premiers compliments :

— Je vous apporte des nouvelles et une lettre d'un de vos admirateurs les plus passionnés, de milord Kempt, un plaisant original, dont vous n'avez pas dû oublier les manières ni le langage.

— Vous êtes donc allé en Angleterre?

— J'en arrive; j'étais chargé par le roi d'une mission très-délicate : il s'agissait d'y porter la coupe exacte d'un nouvel habit qui va faire fureur à Londres. J'ai passé huit jours là-bas; ce sont, Dieu me damne! les huit jours les plus maussades de ma vie. Ces Anglais sont gais comme les brouillards de la Tamise, il n'y a pas chez eux le plus petit mot pour rire.

Tandis que Philinte exhalait sa mauvaise humeur, Alceste ouvrit la lettre de milord Kempt et la lut rapidement. C'était une nouvelle et très-pressante invitation à venir le voir en Angleterre : la lettre se terminait par ces mots : « Je prie votre très-digne et très-aimable *excentricity* de me croire son sincère admirateur et ami. »

— *Excentricity!* dit le comte en montrant du doigt le

mot souligné; qu'est-ce que les Anglais entendent par ce terme?

— Les Anglais disent d'un homme qui ne se soucie point d'agir comme tout le monde et ne se met pas en peine du qu'en dira-t-on, qu'il est *excentric*.

— L'*Excentricity* serait alors ce que nous appelons le ridicule?

— Oui, le ridicule, moins le rire. Ces Anglais ne rient jamais. Ils sont tous ridicules, et il n'y en a pas un qui s'en doute. Il a fallu que j'allasse en Angleterre pour que quelqu'un s'en aperçût. C'est un pauvre peuple, et surtout bien ennuyeux!

— Il me semble que si le ridicule consiste à n'être pas comme tout le monde, il est difficile que tout le monde soit ridicule.

— Eh! justement, c'est que, dans ce singulier pays, personne n'est comme tout le monde. Chacun est comme soi. Il y aurait de quoi rire tout le long du jour; mais comment voulez-vous que les malheureux songent à cela? Ils n'en ont pas le loisir; ils sont tous occupés à gagner de l'argent; et, vous ne le croiriez pas, ceux même qui en ont plus qu'il ne leur en faut, au lieu de se rassembler le soir et de passer le temps à médire honnêtement du prochain, se donnent un mal de toutes les heures pour les affaires de l'État, qui ne les regardent point; ils s'imaginent tous que le gouvernement a besoin de leurs services; cela fait pitié. Cette manie de politique les a divisés en deux grands partis qui se détestent cordialement. Une douzaine d'Anglais, que le hasard a réunis dans une voiture publique, se gardent bien d'y prendre, comme nous ferions, le plaisir de la conversation ; ils ignorent si le voisin n'est pas de la faction contraire et ne va pas leur dire des injures; aussi sont-ils toujours défiants les uns des autres, et restent-ils muets, dans leur coin, à s'observer. Enfin, le pis de l'affaire, c'est qu'ils manquent absolument d'esprit; j'ouvrais, l'autre jour, une de ces gazettes qui sont chez eux si nombreuses et si peu intéressantes; car c'est à peine si l'on y apprend les nouvelles de la cour. Je trouve en toutes lettres dans un article : « Jacques est un misérable et un brigand. » Je demande quel est ce Jacques qu'on traite de la sorte, et j'apprends que c'est du prétendant, du roi légitime qu'il est question. Vous sentez assez que dans ce pays où l'on a ainsi la liberté de tout écrire et d'appeler les choses par leur nom, l'esprit n'est plus nécessaire; et sans esprit, il n'y a plus de ridicule.

— Cela est juste, dit Alceste, je commence à sentir la force de ce mot anglais : *excentricity* ; il est beau et d'un peuple vraiment libre.

Philinte se mit à rire :

— Vous voilà, dit-il, comme milord Kempt, qui nous a fait un jour, à propos de ce terme, une sortie bien singulière. « Pour vous autres Français, m'a-t-il dit, *l'excentricity* n'a pas de sens. Mais, quand vous aurez coupé le cou à l'un de vos rois (pardon de l'expression ! mais ces Anglais ne ménagent rien), quand vous aurez pris l'habitude de voter vous-mêmes vos impôts et le goût d'écrire dans les gazettes, vous nous emprunterez peut-être et la chose et le mot. J'en doute cependant, a-t-il ajouté, vous êtes depuis trop longtemps pliés aux idées monarchiques. Vous ne comprendrez jamais qu'il n'y a de véritablement mal que ce qui est contraire, non à l'usage, mais à la raison; et qu'au lieu de rire du mal, il faut le haïr ou le mépriser.

— Qui sait? reprit Alceste un peu rêveur.

— Moi, parbleu! s'écria Philinte, moi qui serais bien fâché que le rire s'en allât de ce monde.

Alceste ouvrit la bouche comme pour répondre, mais la vue de ce petit vieillard qui secouait quelques grains de tabac tombé sur son jabot, l'arrêta court.

— A quoi bon? pensa-t-il. Cette tête légère et vide ne me comprendrait pas. Nous ne parlons pas la même langue, et je lui paraîtrais fort ridicule de vouloir n'être qu'excentrique.

Et il reprit à haute voix :

— Je pars demain pour Londres; c'est là que j'aurais dû naître; on y sait raisonner.

— Bien du plaisir! et moi pour Versailles; c'est là qu'on s'amuse, et l'on y sait rire.

XIV

UN HOMME FORT, LÉGENDE BIBLIQUE.

(*Fragment.*)

Et un ange lui apparut tandis qu'elle dormait, et il lui dit : « Réjouis-toi, femme, car il naîtra de toi un fils qui sera un homme fort devant les Parisiens; »

Et elle s'éveilla en sursaut; et, tirant son mari par la manche, elle lui conta sa vision, et tous deux passèrent le reste de la nuit sans pouvoir fermer l'œil ; mais ils ne s'ennuyèrent point;

Et le lendemain, dès le matin, ils rassemblèrent leurs parents et leurs amis, et ils leur dirent : « Félicitez-nous, car nous aurons un fils qui sera un homme fort devant les Parisiens; »

Et les amis répondirent tous : « Il faudra en faire un carabinier dans la garde impériale; les carabiniers sont des hommes forts; »

Et beaucoup de jeunes femmes soupirèrent tout bas, en songeant que l'homme fort atteindrait ses vingt-cinq ans lorsqu'elles en auraient déjà quarante-cinq;

Et quelques mois après, la femme bénie du ciel mit au

monde un enfant si malingre et si chétif, qu'il semblait n'avoir que le souffle ; et on l'appela du nom de « Pescaillon ; » ce qui veut dire en syriaque : « L'homme fort devant les Parisiens ; »

Et l'enfant, à mesure qu'il croissait en âge, ne croissait point en force ; et le père, voyant ses bras plus grêles qu'un brin d'herbe sèche, disait en son cœur : « L'ange nous a trompés ; comment celui-là deviendra-t-il jamais un homme fort devant les Parisiens ? »

Et l'ange lui apparut de nouveau, et il lui dit : « Homme de peu de foi, qui n'entends pas même le sens des mots dont tu te sers et te défies des promesses du Très-Haut, tu seras puni de tes doutes : ton fils sera un homme fort et tu en mourras de chagrin. »

Et le père s'en allait cherchant quel sens mystérieux et terrible était enfermé dans ce mot d'*homme fort,* et il ne le trouvait point ; car il n'était pas fort lui-même sur les nouveautés de la langue ;

Et il consulta un homme de son quartier, qui passait pour une forte tête, et cet homme lui dit : « L'ange entend sans doute que votre fils sera un homme fort dans les sciences ou dans les lettres ; »

Et le père reprit aussitôt : « Comment cela pourrait-il arriver ! j'ai mis mon fils au collége, pour faire comme tout le monde, mais il y est régulièrement le dernier de sa classe, et je ne puis croire qu'un élève si faible devienne jamais un homme fort ; »

Et il se trompait en disant cela, car les voies de la

Providence sont impénétrables, et la vue de l'homme est courte;

Et quand son fils eut vingt ans, il le fit venir, et lui dit, après l'avoir embrassé : « Voilà que je vieillis, mon cher enfant, mets-toi vite en état de reprendre mon étude; tu te marieras avec une bonne femme qui aura beaucoup d'argent; tu vivras heureux, et je mourrai plein de jours, en bénissant mes petits-fils;

Et le jeune homme répondit d'un ton méprisant : « Je ne veux point être notaire; je sens que je suis né poëte, car le travail m'ennuie, j'aime la bière, et personne ne brunit une pipe aussi vite que moi; »

Et le père, en écoutant ces paroles, fut consterné de douleur; la prédiction de l'ange lui revint en mémoire, et il sentit confusément que cet enfant lui causerait de grands chagrins;

Et il eut beau le supplier avec larmes, et le menacer de sa colère, le jeune homme ne l'écouta point; car il était persuadé que le métier d'écrivain est le seul qu'on puisse faire sans se donner de peine et sans l'avoir appris;

Et il se retira dans une petite chambre, où il passa un très-grand nombre de jours à se croiser les bras et à croire qu'il réfléchissait;

Et on le voyait quelquefois s'en aller par les rues, l'air absorbé et méditant d'écrire quelque poëme humanitaire ou autre; et, quoiqu'il fût plongé profondément dans ses pensées, il évitait la rue où demeurait son tailleur;

Et il attendit ainsi durant plusieurs années que l'inspiration vînt, et il ne lui vint qu'une longue barbe, qu'il peignait toutes les fois que ses occupations lui en laissaient le loisir;

Et il se rendait le soir dans une grande maison où des pipes noircies pendaient aux murs pour les visiteurs, et des brocs de bière mousseuse couvraient les tables; et c'est là qu'il se délassait de ses travaux du jour;

Et il comparait les rêves de son imagination à la fumée qui s'envolait de sa pipe, et il se disait : « Je ferai un sonnet là-dessus, » et il ne le faisait point; car il était poëte, et il eût craint de profaner son idéal;

Et il rencontrait dans ce grand caravansérail des hommes de tous les âges, qui avaient autant de barbe et de cheveux que lui, et qui marchaient, comme lui, sur leurs tiges de bottes;

Et il leur dit un jour : « Qui vous a fait la joue si pâle? »

Et ils répondirent en chœur : « C'est la tyrannie de l'idée, l'idée est un vautour qui nous dévore; nous pensons trop; »

Et il dit encore : « Qui vous a fait l'habit si râpé? »

Et ils répondirent de même : « C'est la tyrannie de l'idée, l'idée nous dévore; nous pensons trop. »

Et ils ajoutèrent amèrement : « Il y a des paresseux qui usent à travailler leurs jours et leurs nuits; on donne tout, argent et réputation, à ces intrigants; il ne reste plus rien pour les vrais penseurs. »

Et, les ayant entendus, il s'écria : « Hélas! hélas!

votre histoire est la mienne. J'ai rêvé des milliers de poésies, et n'en ai point écrit une; j'ai observé le monde à travers les vitres de ce caravansérail, et d'autres ont écrit les romans que je méditais; je n'ouvre pas un livre nouveau que je n'y trouve une foule d'idées dont on m'a fait tort, sans en rien dire à personne. Le penseur est un exilé sur cette terre où l'épicier fleurit; oh! qui consolera le penseur? »

Et une jeune fille se présenta et dit : « Ce sera moi; j'ai une grande connaissance des hommes, et je sais les consolations dont on endort les chagrins de poëte. »

Et Pescaillon la pressa sur son cœur, en s'écriant : « O mon ange! ô mon idéal! ô ma jeunesse! ô ma poésie! »

Et ils vécurent trois jours ensemble, plus heureux que la Sulamite et son amant, et au bout de ce temps elle le quitta pour un homme qui n'était point poëte;

Et il revint à ses amis, et il leur dit en soupirant : « J'ai connu l'infini de l'amour, et ses profondeurs mélancoliques; il ne me reste plus rien à savoir de la douleur ni de la joie, j'ai épuisé la vie. »

Et l'un d'eux répondit : « Il n'y a plus de Dieu, car Rigolbiche t'a planté là. »

Et ils se mirent à parler tous à la fois de la femme, de l'amour et de Dieu; et quoiqu'ils parlassent tous extrêmement haut, ils ne pouvaient s'entendre;

Et il y en avait un, parmi eux, qui était plus vieux, plus dépenaillé, plus lézardé que tous les autres ensemble, et il frappa son verre contre la table avec un grand bruit, et tous se turent en l'écoutant;

Et il dit d'une voix grave : « Quels sont les hommes vraiment jeunes? »

Et ils répondirent tous ensemble : « C'est nous. »

Et il reprit : « Quels sont les hommes vraiment forts? »

Et ils répondirent de nouveau : « C'est nous. »

Et il ajouta : « Oui, nous sommes les hommes jeunes; oui, nous sommes les hommes forts de cette génération, car nous pensons tandis que les autres travaillent. Faisons serment que jamais nous ne cesserons de penser, et que nous serons toujours les hommes forts. »

Et tous, étendant la main, jurèrent ensemble, et ce serment fut arrosé d'un grand nombre de canettes;

Et Pescaillon, quand il rentra chez lui, trouva son père qui l'y attendait, et qui lui fit un beau discours, en lui offrant de tuer le veau gras;

Et Pescaillon, inébranlable, car il avait bu, répondit : « Je suis un homme fort, je resterai tel que la nature m'a fait; »

Et le père se souvint alors des menaces de l'ange, et il s'en retourna tout désolé, et il reçut dans la route une grosse tuile qui lui tomba sur la tête, et lui entama fortement le crâne;

Et on le mit sur un lit, et il y mourut de chagrin, pour accomplir la prédiction;

Et Pescaillon, ayant hérité de son père, quitta naturellement le métier d'homme fort pour devenir un des plus forts notaires de son endroit;

Et il s'abonna au *Journal des Débats*, et il le trouva infiniment mieux écrit que *la Casquette de loutre*, où il avait si longtemps médité d'écrire;

Et il eut un fils, dont la naissance le combla de joie, et chaque soir il disait dans ses prières : « Mon Dieu! faites-moi la grace que celui-ci ne devienne jamais un homme fort! »

XV

HONNÊTE HOMME — HOMME DE BONNE COMPAGNIE — ESPÈCE — MALOTRU — COQUIN.

La première condition, pour être réputé honnête homme au XVIIe siècle, c'était d'avoir de la naissance, ou du moins de vivre sur un pied d'égalité avec ceux qui en avaient. L'honnête homme était alors, à peu de chose près, ce que nous appelons, en notre langue, un homme de bonne compagnie; et il n'y avait que les hommes de cour, en ce temps-là, qui fussent ou qui crussent être de bonne compagnie.

Il est vrai qu'à esprit égal, c'est Duclos qui le remarque en son livre des *Considérations*, les hommes de cour avaient un avantage sur le commun des hommes, celui de s'exprimer en meilleurs termes et avec des tours plus agréables. C'était, dans un homme qui n'avait pas l'honneur d'être né, une preuve d'esprit ou tout au moins d'éducation que de s'exprimer bien; pour l'homme de la cour, c'était une nécessité. Il n'employait pas de mauvaises expressions, parce qu'il n'en savait pas. Le sot de la ville disait sottement ses sottises; le sot de la cour les disait encore avec élégance.

Il y avait donc des sots à la cour? Pourquoi non? il y en a toujours eu partout! et tout homme de cour n'était pas un honnête homme. Il fallait encore, pour prendre rang parmi les honnêtes gens, posséder une certaine instruction générale, qui mît en état de parler sur tous les sujets, sans en approfondir aucun, de peur d'ennuyer son monde et de tomber dans le pédantisme; il fallait une certaine grâce légère d'esprit et de conversation, des manières aisées, également éloignées de la hauteur qui repousse et de la familiarité d'où naît le mépris; une attention exacte et sans apprêt à observer toutes les convenances; en un mot, l'usage du monde, et du plus grand monde. L'honnête homme était un composé délicat et charmant des qualités les plus propres à rendre aimable le commerce de la vie entre gens de condition.

Le mot n'a point encore changé de sens au XVIIIe siècle; mais déjà des protestations s'élèvent. Duclos, le moraliste brutal et caustique de ce temps, dit sans façon que la bonne compagnie est indépendante de l'état et du rang; qu'il ne faut pas plus la chercher à la cour que dans la bourgeoisie; *elle se trouve parmi ceux qui pensent et qui sentent, qui ont les idées justes et les sentiments honnêtes.* Il y a, dans ces deux dernières lignes, une définition, sinon toute nouvelle, au moins plus large de *l'honnête homme*. Penser bien et parler juste, tout est là pour Duclos. On sent, à ce langage, qu'une révolution se fait dans les esprits. On commence à lever hardiment les yeux sur les gens de cour; l'importance sans mérite n'obtient plus que des égards sans estime. Patience! elle n'obtiendra plus même bientôt ces égards.

C'est à cette même époque que paraît le terme nouveau d'*espèce*, par où l'on exprime le contraire des qualités qui constituent l'honnête homme. Je n'oserais pas affirmer qu'on ne pût trouver ce mot chez les écrivains du siècle précédent. Je ne me rappelle pas l'y avoir jamais vu; en revanche, je le rencontre sans cesse dans les livres de Chamfort, de Duclos, de Rivarol.

On entendait par *espèce* l'imbécile, quel qu'il fût, qui, n'ayant rien de l'honnête homme, voulait en jouer le personnage. Un juge enfermé dans sa jugerie, un financier enfoncé dans la finance, n'étaient point des *espèces*, quoiqu'on ne pût pas dire d'eux qu'ils étaient classés parmi les honnêtes gens. Ils avaient le mérite de leur état; on ne leur en demandait pas davantage. Mais s'ils avaient prétendu à cette considération publique qui suivait l'honnête homme, sans avoir aucune qualité qui justifiât leurs prétentions, on les eût tout aussitôt traités d'*espèce*.

Une anecdote bien salée de Chamfort met dans tout son jour le vrai sens du mot :

M. de ***, ayant aperçu que M. Barthe était jaloux de sa femme, lui dit : « Vous, jaloux! mais savez-vous bien que c'est une prétention? C'est bien de l'honneur que vous vous faites. Je m'explique : n'est pas trompé qui veut. Savez-vous que, pour l'être, il faut savoir tenir une maison, être poli, sociable, *honnête?* Commencez par acquérir toutes ces qualités; et puis les *honnêtes gens* verront ce qu'ils ont à faire pour vous. Tel que vous êtes, qui pourrait vous faire cocu? *Une espèce!* Quand il sera temps de vous effrayer, je vous en ferai mon compliment. »

Le même Chamfort disait autre part :

« Quand les princes sortent de leur misérable étiquette, ce n'est jamais en faveur d'un homme de mérite, mais d'une fille ou d'un bouffon. Quand les femmes s'affichent, ce n'est presque jamais pour un *honnête homme*, mais pour *une espèce*. »

La révolution de 89, qui a emporté tant de choses, a fait aussi disparaître ces deux mots de la langue. Il n'y eut plus, dans le nouvel ordre de choses, une classe d'hommes privilégiés qui n'avaient d'autre occupation au monde que de parler agréablement de tout sans rien savoir. Il fallut songer aux affaires de l'État, puisqu'on était citoyen, et aux siennes propres, puisqu'on n'était pas grand seigneur. En un mot, il fallut travailler, gagner sa vie, comme dit énergiquement le peuple; fâcheuse affaire, et dont souffrit quelque peu la vieille politesse française.

Pascal disait n'aimer point les gens qui *portaient* sur eux l'*enseigne* ou de magistrat, ou de professeur, ou de ministre; on doit être **honnête homme**, disait-il. Il fallut prendre une enseigne, et il n'y eut plus d'honnêtes gens. Les regrette qui voudra! Ces gens-là étaient sans doute fort aimables; il devait faire bon vivre avec eux, mais pas près d'eux. Il valait mieux être leur ami que leur voisin. Ils étaient incommodes quelquefois et toujours inutiles.

Un homme d'esprit disait qu'il ne fallait rien lire dans les séances publiques de l'Académie française, par delà ce qui est imposé par les statuts, et il motivait son avis en disant : *en fait d'inutilité, il ne faut que le nécessaire*. Les honnêtes gens étaient une fort belle inutilité qui n'était point nécessaire.

Ils ont disparu, et avec eux les *espèces*, qui ont cédé la place aux *malotrus*. Il y a aussi loin du *malotru* à l'*espèce* que de l'homme de bonne compagnie à l'honnête homme. Le *malotru* est un brutal qui n'a pas même le savoir-vivre bourgeois; il faut le jeter à la porte de toute compagnie qui se respecte. On pouvait encore faire figure dans le monde, et n'être pourtant qu'une *espèce* au regard des honnêtes gens.

L'honnête homme n'a plus gardé que le sens général qu'il a eu dès l'origine de la langue. On dit d'un homme qui se conforme aux règles de la morale, que c'est un honnête homme. Ne croyez cependant pas que, même pris en ce sens, le mot ait toujours eu la même valeur. Les mots sont aussi élastiques que les choses qu'ils représentent. Il n'y a qu'une morale, dont les lois sont immuables, cela est certain; mais le monde, et c'est lui qui fait les langues, a sa morale, qui change de siècle en siècle. Il y a deux cents ans, on pouvait être fort honnête homme et tricher au jeu; les Mémoires du comte de Grammont sont là pour montrer qu'il n'y avait alors rien de déshonorant dans cette espièglerie. Au siècle passé, c'était œuvre pie que de prendre sa femme à un ami, on n'en était que plus honnête homme. C'est déjà maintenant une action douteuse; ce sera sans doute un acte infâme dans cinquante ans. Il est peut-être curieux de voir où nous en sommes aujourd'hui, et ce qu'on entend au juste par honnête homme en 1860.

Il me semble que, dans la conversation ordinaire, on donne aisément ce nom à tout homme qui n'a pas été repris de justice. On n'a d'autre code de morale que le code criminel. Un homme est-il en règle avec le code, c'est un honnête homme. Il est assez indifférent qu'il ait volé, pourvu qu'il ait volé légalement. Rien de plus simple, comme on voit. Toutes ces idées si complexes et si délicates que renfermait le titre d'honnête homme étaient une source intarissable d'équivoques et de contestations. Tout le monde aujourd'hui s'entend à merveille. Avez-vous eu maille à partir avec le procureur impérial? C'est là une question de fait, toujours aisée à éclaircir.

Si oui, vous êtes un coquin ; si non, vous êtes un honnête homme.

On sent combien la netteté et la précision épargnent de querelles ; combien le commerce de la vie en devient commode et facile. Peut-être même ira-t-on plus loin encore. Un Romain, ou plutôt un habitant de Rome, à qui un étranger reproche quelque petit assassinat qui l'a mené au bagne, répond d'un air fier :

— J'ai fait mon temps, monsieur.

Il a fait son temps ; il n'y a plus rien à dire ; il est redevenu honnête homme. Nous en arriverons là, et ce sera un beau jour pour la morale !

XVI

JEUNE HOMME — ADOLESCENT — BÉBÉ.

Quand l'enfant touche aux environs de sa neuvième année, s'il lui arrive de faire quelque grosse sottise, le père ne manque jamais de dire à sa femme :

— Allons, décidément, voilà Paul qui grandit ; il va falloir le mettre en pension.

Le premier mouvement de la mère est de se récrier. On lui démontre alors que le collége est l'image du monde; qu'il est bon que celui qui doit être homme s'instruise de bonne heure à y vivre; qu'on doit l'endurcir d'avance aux épines qu'il rencontrera plus tard sur sa route. La femme ne se laisse point convaincre à ces belles raisons; elle demande au moins un répit : « Paul est de constitution si faible ! il a eu la coqueluche l'hiver passé. Le *petit à madame Desmares,* qu'on a mis en pension au même âge, a les mains perdues d'engelures. »

Elle chicane le terrain pied à pied; elle arrache six mois, et quelquefois un an. Mais tout le monde s'en mêle : les grands parents, les amis, les voisins. On la traite d'enfant gâté, de folle : le mari termine toute discussion par un « il le faut » et, le moment venu, il prend son fils par la main, et le conduit dans l'une de ces prisons d'aspect sombre et grillé que nous appelons en France des maisons d'éducation. L'enfant pleure, la mère pleure, la sœur aînée pleure; le père lui-même n'a pas le cœur fort tranquille, ni les yeux fort secs. Mais tous en prennent leur parti : « C'est pour son bien ! »

C'est pour son bien ! en êtes-vous si sûrs que cela? N'est-ce point ici l'instinct maternel qui a raison contre la haute sagesse des hommes? Les femmes ne répondent à nos arguments que par de bien pauvres objections. Mais au fond leur tendresse n'a point tort. Non, il n'est pas bon que l'enfant quitte de si bonne heure la maison paternelle, qu'on le jette tout tendre encore, et les lèvres parfumées du lait de sa mère, entre les mains rudes des hommes, sous une froide discipline, loin des femmes qui ont jusque-là souri à ses jeux.

Il y a, entre la première enfance et le moment où l'homme commence à se former, un espace de quelques années qui tient à la fois de ces deux âges. Il va de neuf ou dix ans à quinze ou seize. On n'est plus un enfant, on n'est pas encore un homme; on garde quelque chose des grâces de l'un, et l'on s'essaye à la raison de l'autre. C'est comme une aube riante qui trempe encore par certains côtés dans les ombres de la nuit, mais où l'on voit poindre déjà les premières lueurs du soleil levant.

Ce sont peut-être les années qui exigent le plus de culture et de tendre sollicitude. Nous voulons que les enfants les passent en quatre murs, dans de noires études, loin de leurs mères et de leurs sœurs. Nous les privons de toute liberté, nous les sevrons de la compagnie des femmes, juste au moment où tout cela serait le plus nécessaire. Nous supprimons l'*adolescence*.

Quel joli mot que ce mot aujourd'hui si vieux et déjà presque perdu, comme la chose qu'il exprime! Ce nom d'adolescent ne vous rappelle-t-il pas un être à la fois brave et timide, pudique et hardi, qui porte sur son front l'innocence rougissante et l'impétueuse fierté de l'enfant-homme? Convient-il à vos fils? Je vous le demande. Regardez-les passer dans la rue : ce sont d'affreux petits collégiens le képi sur l'oreille, le cigare aux lèvres, qui lorgnent impudemment les femmes; les termes grossiers leur coulent naturellement de la bouche; ils ont dans toutes leurs manières je ne sais quoi de farouche et de brutal. On sent, à les voir, qu'ils n'ont jamais vécu qu'avec des hommes et en prison.

Est-ce à eux que peut s'appliquer ce mot d'adolescent, qui traîne après lui tout un cortége d'adjectifs candides, naïfs et riants?

Il faut nous réfugier dans nos souvenirs classiques pour y trouver ce bel adolescent qui mêle aux grâces féminines de la première enfance la virile fierté de l'homme futur. Ah! qu'ils sont donc beaux ces jeunes gens que Platon nous a peints d'un style si aimable, chastement nus sous le ciel lumineux de la Grèce! C'est qu'on a permis à leur enfance de croître et de se développer librement; on ne les a point formés, ou plutôt déformés, par une discipline précoce. On les a laissés, dit Platon lui-même, comme de jeunes chevaux consacrés aux dieux, paître et errer au hasard, pour voir s'ils trouveront la sagesse et la vertu. Ils passent leur vie dans le gynécée et au gymnase.

Il y a dans tout ce qu'ils disent et font je ne sais quoi de violent et d'aimable, de généreux et de naïf, dont le mélange est charmant. Ces êtres si beaux n'ont jamais été comprimés ni taillés; les idées nobles et les sentiments vertueux fleurissent naturellement sur leur bouche, et le parfum en est délicieux; ils jouissent pleinement de leur adolescence, et les yeux des vieillards qui les contemplent en sont tout rafraîchis.

Les jeunes gens que nous présente Térence sont moins

poétiques peut-être, ils sont aimables encore. L'éducation qu'on leur a donnée sagement ne les a point jetés, comme nous, tout d'un côté ; la nature est en équilibre chez eux. Ils ont couru une partie de la journée au Champ-de-Mars, se couvrant de poussière et lavant leur corps aux flots jaunes du Tibre ; ils ont passé le reste du temps à écouter les grammairiens ou les rhéteurs ; ils rentrent le soir au foyer domestique, où ils trouvent leur mère assise au milieu de ses femmes. Ils croissent (*adolescunt*) comme de jeunes arbres, sans qu'aucune partie d'eux-mêmes soit hâtée, dans son développement, par une éducation précoce.

Quand leur âme s'ouvre aux premières amours, qu'ils sont impétueux et hardis ! mais qu'ils sont tendres et timides ! la pudeur colore aisément leur peau jeune et fraîche. — « Il a rougi, rien n'est perdu, » dit un père dans je ne sais quelle comédie. Ces pères de la vieille Rome ne sont point si farouches qu'on le suppose. Ils ont la main ferme et le cœur tendre. Ils viennent pour gronder, mais leur colère fond devant ces beaux visages d'adolescents.

Le moyen âge, avec toute sa brutalité, connaissait l'adolescence et la chantait. Ce jeune page qui suivait son seigneur tout le jour et s'instruisait à bien faire, en le servant ; qui rentrait le soir au château, s'installait aux genoux de la dame, en tout bien tout honneur, et lui lisait des histoires de batailles et d'amours ; formé par les hommes aux travaux de la goerre, et par les femmes aux sentiments délicats et nobles, ne pouvait-il pas s'appeler, lui aussi, un adolescent? Chérubin est le dernier que nous connaissions.

Il est peut-être un peu vif, ce charmant Chérubin. Mais il a tant de grâce et de courage en même temps! On sent si bien qu'il a été élevé au milieu des femmes, et que pourtant ce sera un jour le plus brave et le plus fier officier du régiment! Soyez sûrs que si autrefois le chevalier gardait une fibre de tendresse au fond du cœur; que si parfois il épargnait le faible et défendait l'opprimé, c'est qu'il se souvenait des leçons apprises aux pieds de quelque belle châtelaine; c'est qu'avant de passer homme et chevalier, il se souvenait d'avoir été page et *adolescent.*

Autres temps, autres mœurs, je le sais. Les anciens sont les anciens, et nous sommes les gens d'aujourd'hui. Mais où sont, dans notre civilisation moderne, ces raisons si pressantes d'arracher un enfant à sa mère, juste à l'heure où il aurait le plus besoin d'elle? On croit gagner ainsi quelques années; on calcule ce qu'il apprendra de plus de latin, de grec et de sciences. Mais on ne compte point ce qu'il va y perdre.

Le jeune garçon, au collège, n'exerce que son intelligence. Il ne suit point ce développement harmonieux qui se ferait de soi-même dans l'éducation domestique. Son esprit surmené croît trop vite et se fatigue. Le corps languit et l'équilibre se rompt. Il n'a plus cette grâce que donne à toute chose la juste proportion entre les parties dont elle est composée. Son commerce continuel avec des hommes, camarades ou maîtres, qui ont tous quelque chose de dur et de farouche, met en dehors tous ses instincts de force. Ce n'est jamais là qu'il prendra cette timidité pudique et rougissante, cette tendresse de cœur et cette politesse de manières qui siéent si bien aux jeunes gens, et qui ne s'enseignent qu'à l'école des femmes.

C'est aux mères à donner à leurs fils la première éducation morale, comme elles la donnent presque partout à leurs filles. Cette séparation des garçons et des filles, qui se fait chez nous de si bonne heure, a des effets déplorables. Il n'y a plus aucune communauté d'idées, de sentiments, de vertus même entre les deux sexes. Les uns prennent pour eux le courage et la force; ils laissent aux autres la pudeur et la patience. Serait-il donc si absurde, en relevant le courage des jeunes filles, d'inspirer un peu d'honnête pudeur aux garçons et de ne point fabriquer d'avance des butors et des poupées? d'enseigner aux uns comme aux autres, non pas seulement les vertus spéciales de leur sexe, mais encore celles qui doivent leur être communes? Ils sont destinés à vivre ensemble toute leur vie : pourquoi ne pas les y préparer à l'âge que la nature elle-même a marqué pour cette éducation ?

Les femmes seules sont capables de la donner. Elles ont reçu des secrets merveilleux pour se faire entendre des jeunes garçons et pénétrer doucement jusqu'au plus profond de leur âme. Vous connaissez ce langage des nourrices, tout composé d'onomatopées charmantes inintelligibles pour les hommes, et que les plus petits enfants comprennent si bien. Toutes les mères le parlent d'instinct. Voyez-en une avec son nourrisson sur les bras : le pauvre petit crie et pleure ; elle lui fait une risette :

« *Q'navons donc! q'navons donc! l'ti fanfan à sa ti mémè; n'avons donc bobo à nos ti quenottes; bisé nounou.* »

Ces niaiseries vous font hausser les épaules, à vous, homme fort, barbu et moustachu. Oui, mais l'enfant comprend, il sourit du moins. Et que faut-il de plus à la mère?

Les femmes ont de même, pour entrer dans les jeunes cœurs d'adolescents, des manières de dire où nous n'arrivons point, nous autres hommes, avec toutes nos méthodes. Elles leur enseignent, jour à jour, sans leçon, sans effort, la pudeur, la bonté, la politesse, toutes ces qualités aimables dont nous sommes aujourd'hui si déshabitués, et qui tendent à disparaître complétement de la génération actuelle. Lord Chersterfield, écrivait un jour à son fils qu'il se faisait fort de distinguer dans le monde les jeunes gens qui avaient été élevés par une femme.

Je sais une dame d'infiniment d'esprit, qui m'a souvent étonné par la justesse de son coup d'œil en ce genre. Elle me disait, après avoir causé une seule fois avec un jeune homme, quelle sorte d'éducation il avait reçu, s'il avait longtemps vécu avec sa mère, ou si c'était un produit du lycée. Elle ne se trompait jamais.

— Et à quoi reconnaissez-vous cela? lui disais-je un peu surpris.

— Je ne sais; à tout et à rien.

La réponse a l'air d'être vague; elle en dit long pourtant à qui veut l'entendre. Non, cette éducation maternelle n'a pas un résultat positif, appréciable, qu'on puisse toucher du doigt. Elle pénètre, pour ainsi dire, par tous les pores dans l'individu tout entier, et se trahit par je ne sais quel parfum subtil dont on reste imprégné toute sa vie. Un professeur de mathématiques vous enseigne les mathématiques, un maître de danse vous enseigne la danse; une mère ne vous apprend rien, à proprement parler, et cependant, si vous la quittez de bonne heure, vous sentez plus tard qu'il y a dans votre éducation une déplorable lacune que vous ne pouvez plus combler. Vous avez passé l'âge. Le temps perdu se peut réparer, quand il s'agit de sciences qui ont un objet défini. Vous avez besoin à vingt-cinq ans de savoir l'anglais; vous vous y mettez avec ardeur, vous y passez les nuits, s'il le faut, et vous finissez par savoir l'anglais.

On ne rapprend point ce qu'une mère enseigne à son enfant de neuf à quinze. En quoi cela consiste-t-il? encore une fois, je ne saurais le dire, et personne ne serait là-dessus plus habile que moi. C'est précisément ce *tout et rien* de la dame dont je parlais tout à l'heure.

9.

La vertu ne s'enseigne pas, comme l'écriture, en douze leçons, à trois francs le cachet. Il en est de même de la tendresse, de la pudeur, de tous les sentiments délicats et nobles. Ils se transmettent par influence, et si l'on veut bien me passer cette expression un peu scientifique, par une sorte de lente endosmose. Il y faut du temps, des soins et la bienfaisante chaleur d'une âme de femme, d'un cœur de mère.

Nous tous, hommes de cette génération, nous sentons tous, plus ou moins, que cette éducation première nous a manqué. Nous avons, pour la plupart, il faut bien nous l'avouer, l'écorce rude. Il y a dans nos opinions, comme dans notre manière de les exprimer, je ne sais quoi d'âpre et de violent. A peine échappés de l'enfance, nous avons été ravis à la douce et chaude tendresse de nos mères et de nos sœurs ; on nous a fourrés au collége. Ce n'est pas, à Dieu ne plaise, que je dise du mal des maîtres qui y ont dirigé notre enfance. Nous leur devons beaucoup ; je leur garde une profonde reconnaissance, celle même que j'attends et que je crois mériter des élèves qu'on m'a confiés jadis, alors que j'étais professeur. Mais, je dois l'avouer, parce que cela est vrai, et que je l'ai senti bien souvent quand j'étais dans ma chaire, non, ils ne recevaient point de moi cette éducation, cette *nourriture,* comme on disait au XVIIe siècle, que la famille seule est en possession de donner.

J'ai eu, — je puis le dire avec un certain orgueil, c'est un des meilleurs souvenirs que j'aie gardés de ce temps, si triste d'ailleurs, — oui, j'ai eu entre les mains des jeunes gens sur qui j'ai exercé une grande influence, et que j'ai en quelque sorte pétris à mes idées. Je suis resté en correspondance avec plusieurs d'entre eux, et ils me font l'honneur de me dire qu'ils retrouvent dans le critique d'aujourd'hui le professeur d'autrefois. Mais cependant je sentais bien qu'il y avait certains coins de leur âme où je n'atteignais pas, et qui m'étaient à jamais fermés. J'étais maladroit à leur inspirer certains sentiments que j'aurais voulu voir chez eux, parce que j'en sentais douloureusement l'absence chez moi.

Il y fallait, hélas ! une main plus délicate que la mienne. Il y fallait la main d'une femme. Il n'y a que les mères qui puissent enseigner ce que l'on n'enseigne pas, ce qui est *tout et rien*, comme elles disent.

On a déjà dressé les mères à s'occuper des enfants à la mamelle ; Jean-Jacques Rousseau l'a emporté sur ce point. Il faudrait leur persuader aujourd'hui qu'il n'y a qu'elles au monde qui puissent allaiter l'adolescent. Cela semble étrange au premier abord ; mais je prie les femmes de considérer la révolution qui s'est opérée depuis soixante ans dans la façon dont on élève les tout petits enfants, les *babies*, comme on les appelle aujourd'hui, en se servant d'un mot d'origine anglaise.

Pourquoi ne pas écrire tout simplement *bébés ?* Le mot et la chose qu'ils expriment nous sont venus d'Angleterre ; mais les voilà bien français aujourd'hui, français de sens et d'usage ; pourquoi pas d'orthographe ? Qu'ils soient les bienvenus l'un et l'autre! La chose est bonne et le mot est charmant.

Cela est fâcheux à dire, mais on est resté fort longtemps en France sans rien entendre à l'éducation du premier âge, comme on n'entend rien aujourd'hui à l'éducation de l'adolescent. On aimait bien les enfants, on les élevait mal. Ils poussaient tout seuls, à la grâce de Dieu. Tout le monde se rappelle encore les éloquentes imprécations de Jean-Jacques. Le philosophe avait bien fini par obtenir que les mères soignassent elles-mêmes leurs enfants; mais elles ne le firent pas tout d'abord d'une façon très-intelligente.

L'enfant vit d'une vie qui est toute végétative; son éducation consiste donc entièrement dans une bonne hygiène : nourriture et propreté, tout est là. Mais les questions d'hygiène ont toujours été fort mal comprises chez nous, ou plutôt on ne s'en est occupé que depuis un très-petit nombre d'années. Cette négligence venait d'une cause qui ne laisse pas que de nous faire honneur. Nous avons été de tout temps un peuple éminemment spiritualiste.

Tout ce qui intéresse la partie pensante de notre individu nous préoccupe sans cesse, et nous avons tourné sur ce point tout l'effort de notre éducation.

Le corps nous a toujours fait l'effet d'une guenille qui ne valait guère la peine qu'on y donnât ses soins. Aussi n'en vit-on jamais de plus mal logée et plus mal entretenue que n'était celle de nos enfants. Jean-Jacques Rousseau conte qu'on les attachait à un clou. Les clous ont disparu ; mais que de temps n'a-t-il pas fallu pour apprendre à la grande majorité des mères que les bains fréquents n'étaient pas une affaire de luxe ! On laissait, et je sais des pays où on laisse encore à la bonne et indulgente nature le soin de laver ces pauvres petits corps.

Voyez un peu les idées que rappelle à l'esprit le terme dont nous nous servions autrefois pour les désigner : c'étaient pour nous des *marmots*. Tâchez, si vous pouvez, d'accoler à ce vilain substantif une épithète aimable. Vous n'en trouverez point. On dira fort bien : Un méchant marmot, un marmot criard, un désagréable marmot ; quel vilain marmot ! mais je vous défie de dire d'un marmot qu'il est charmant, à moins que par hasard vous n'en soyez le père.

Vous est-il possible de vous représenter un marmot autrement que barbouillé de confitures, les cheveux en broussaille, avec une salopette (une *salopette*, quel mot, bon Dieu !) toute remplie de taches, et des souliers tournés ? Le marmot est l'un de ces petits êtres criards et pleurards, de qui l'on demande poliment à quelle heure ils se couchent. La mère vous l'apporte à embrasser, et vous choisissez avec inquiétude sur sa joue ou sur ses lèvres un endroit où rien ne poisse.

Le *baby* ou bébé est un des plus délicieux produits de la civilisation anglaise. Les Anglais sont de tous les peuples celui qui a poussé le plus loin l'art de se vêtir, de se loger, de se nourrir, et, en un seul mot, de soigner la bête. Ils ont fait pour leur propre corps ce qu'ils faisaient pour leurs animaux de boucherie. Ils ont réduit l'hygiène en une sorte de code dont ils ont observé tous les préceptes avec une intelligente et scrupuleuse exactitude. Il n'y a rien de joli comme un enfant anglais qui se promène, bras et jambes nus, sur les gazons verts des parcs de Londres. On voit que ces petits êtres ne songent qu'à vivre et à jouir de la vie. Tous leurs besoins sont satisfaits; ils sont heureux d'être au monde; ils rient à la nature entière. Le sang court dans leurs jeunes veines et tend leur peau fraîche; ils étalent avec l'exubérance d'une santé forte cette chair potelée et rose où semble ruisseler encore le lait maternel.

Ils ont ces grands yeux attentifs et ravis qui semblent demander le pourquoi de toute chose; et le rire, ce bon rire frais et sonore de l'enfance, étincelle sur leurs lèvres épanouies. Rien ne gêne leurs mouvements, ils s'abandonnent innocemment à la joie de courir, de sauter, à ce besoin incessant d'action qui les tourmente.

N'est-il pas vrai que le nom de bébé réveille en vous toutes ces idées charmantes? Grâce à Dieu, nous n'avons pas seulement le mot; nous avons pris aussi aux mères anglaises leurs procédés d'éducation première: Comme il arrive toujours, nous avions avant tous exposé la théorie par la bouche éloquente de Rousseau. C'est aux Anglais que nous avons emprunté la façon dont ils l'ont appliquée. Ces bébés si plantureusement nourris et si beaux à voir ne sont déjà plus, à l'heure qu'il est, des produits exclusivement réservés à la *nursery* britannique.

On commence à en fabriquer à Paris, et même dans les départements. Nous en voyons tous les jours dans nos jardins publics, au Luxembourg et surtout aux Tuileries. Ils ne possèdent peut-être pas cet incomparable éclat de santé qui tend les joues de nos petits voisins; ils ont je ne sais quoi de plus affiné.

Peut-être est-ce affaire de race ou de climat. Peut-être est-ce plutôt que les uns sont nourris de viande et les autres de soupe. Peu importe! ce qu'il est curieux de constater, c'est que le nouveau mot est venu à la suite d'une révolution dans les mœurs et qu'il en est le signe.

Il est bien entendu que je ne parle pas du singulier abus qu'on en fait à Paris. Vous saurez qu'ici bébé a, dans un certain monde, remplacé tous les autres termes d'affection. Un boursier ventru et chauve entre chez une femme plâtrée :

— Bonjour, mon gros bébé! dit la femme plâtrée à l'homme ventru.

— Bonjour, mon joli bébé! répond l'homme ventru à la femme plâtrée.

On disait autrefois : *mon chou, mon ange, mon trésor;* Balzac assure qu'il a connu un mari qui disait à sa femme : *ma berline*, et la femme lui répondait tendrement : *mon cabriolet*. Bébé a remplacé tout cela.

Il passera en ce sens, comme tout ce qui est de mode

et ridicule, mais il restera dans sa vraie et légitime signification. Nos femmes ont appris à soigner les enfants jusqu'à l'âge de neuf ou dix ans. Elles en ont fait des bébés; il faut qu'elles apprennent à former des adolescents. Il faut qu'on leur laisse leurs garçons jusqu'à quatorze ou seize ans, plus ou moins, selon les nécessités de position.

Mais elles se chargeront là d'une grande responsabilité. Pour que leur mari et la société tout entière les jugent dignes de ce haut emploi, il faut qu'elles donnent certaines garanties, qu'elles remplissent certaines conditions : et lesquelles? Ah! il y aurait un beau livre à faire là-dessus!

XVII

MOTS — FAIRE DES MOTS.

Deux jeunes gens, Hippolyte et Olivier, causent ensemble dans la comédie du *Demi-Monde,* et sont au moment de se séparer :

— Eh bien, dit Olivier à son ami, eh bien, dis donc, tu t'en vas comme cela?

— Comment veux-tu que je m'en aille? répond l'autre.

— Et de Maucroix? Nous avons causé de tout, excepté de son affaire.

— C'est vrai! nous l'avons oublié. Sommes-nous bêtes!

— Si tu voulais bien parler au singulier.

— Volontiers. Es-tu bête!

— Tu fais donc des *mots*.

— De temps en temps.

Autrefois on disait : un *bon mot*, un *mot spirituel*, un *mot de caractère*, un *mot de situation*, un *mot d'atelier*; nous disons à présent un *mot* tout court, sans rien ajouter qui en précise et en resserre le sens. Je ne crois pas que cela date de trente années. Le XVIIIe siècle, qui goûta si fort l'art de railler agréablement, qui en fit comme une étude spéciale, et mit en circulation tant de bonnes plaisanteries, ne connut point ce terme. Rivarol et Chamfort eussent été bien étonnés, si on leur eût dit qu'ils faisaient des *mots*; à plus forte raison Voltaire, dont ce n'était pas le métier.

Il en est aujourd'hui de ce terme comme de tous ceux qui sont nouveaux, et dont la mode s'empare. On en fait un étrange abus; vous ne pouvez plus causer six minutes avec un ami sur le boulevard sans vous surprendre à dire : « Ah ! c'est un mot cela ! » ou « tu as des mots ! » Il est surtout d'un grand usage au théâtre; vous y entendez répéter sans cesse qu'une scène petille de *mots*, que les *mots* ne font pas une bonne pièce, et autres phrases du même genre.

Il serait peut-être bon de s'entendre sur la signification propre de ce terme; car enfin il ne peut pas à lui seul comprendre toutes les sortes de bons mots. Ceux mêmes qui l'emploient le plus souvent sentent vaguement qu'il a un sens particulier. Il y a telle chose fort plaisante dont ils ne diraient point que c'est un *mot*. Savez-vous rien de plus drôle qu'Arnolphe s'écriant d'un ton douloureux après qu'Horace lui a soufflé sa maîtresse :

> Aurais-je deviné, quand je l'ai vu petit,
> Qu'il croîtrait pour cela?

Diriez-vous pourtant qu'Arnolphe *fait un mot?* Non, sans doute ; c'est un trait de caractère ou de situation, ce n'est point un *mot*. Qu'est-ce donc qu'on entend par un *mot?* Voyons où commence ce terme, où il finit.

Reprenons l'exemple que nous citions tout à l'heure. N'y remarquez-vous pas quelque chose de bien particulier ? c'est que la personne qui *fait le mot* a l'intention de dire une chose plaisante, et le dit uniquement parce qu'elle le croit plaisant. Quand Arnolphe s'écrie :

> Aurais-je deviné, quand je l'ai vu petit,
> Qu'il croîtrait pour cela!

Il n'a pas dessein de faire une plaisanterie ; le mot n'est drôle que par réflexion. Et, quand le spectateur éclate de rire, Arnolphe pourrait ajouter, comme le misanthrope :

> Par la sambleu ! messieurs, je ne croyais pas être
> Si plaisant que je suis !

L'Hippolyte de M. Dumas fils sait, au contraire, qu'il fait une plaisanterie, et il la dit pour qu'elle soit plaisante. Il se chatouille pour se faire rire. Il équivoque à dessein sur la phrase de son ami : « Si tu voulais bien parler au singulier. »

Il répond au texte, mais non à la pensée ; il le sait, et ne fait ainsi semblant de se tromper que pour exciter un éclat de rire, qu'il partage.

C'est en cela précisément que consiste ce qu'on appelle aujourd'hui un *mot*. Passez en revue tous les exemples qui vous viendront à l'esprit, vous verrez aisément que, quand ce terme n'est pas caractérisé par une épithète ou par d'autres mots qui en modifient le sens, il ne signifie pas autre chose qu'une plaisanterie dont celui qui la fait a parfaitement conscience.

Remarquez, je vous prie, que ces mots-là ne sont jamais les meilleurs ni les plus forts. Les bons mots qu'on laisse échapper, et qui ne sont pas des *mots*, sont infiniment plus plaisants. Les uns échappent à la passion, d'autres au caractère, d'autres à la profession. Permettez-moi d'en citer quelques-uns, vous en verrez aisément la différence.

Une bourgeoise entichée de noblesse était en train d'accoucher et poussait des cris de douleur :

— Oh ! ciel, disait-elle, tant souffrir pour mettre au monde un vilain !

La pauvre femme ne songeait guère à plaisanter. Son mot n'en est que plus plaisant, quoiqu'il ne soit pas à proprement parler un *mot,* au sens où on le prend aujourd'hui. Il a son pendant dans la réponse de madame de Rohan :

— Quand devez-vous accoucher? lui demandait-on.

— Je compte avoir cet honneur dans deux mois, répondit-elle.

L'honneur était d'accoucher d'un Rohan. Ce sont là des mots de caractère.

Diderot conte que l'abbé de Canaye fit une petite satire bien amère et bien gaie des petits dialogues de son ami Rémond de Saint-Marc. Celui-ci, qui ignorait que l'abbé fût l'auteur de la satire, se plaignait un jour de cette malice à madame Geoffrin, une de leurs communes amies. Tandis que Saint-Marc, qui avait la peau tendre, se lamentait outre mesure d'une piqûre d'épingle, l'abbé, placé derrière lui et en face de la dame, s'avouait auteur de la satire, et se moquait de son ami en tirant la langue. Les uns disaient que le procédé de l'abbé était malhonnête; d'autres n'y voyaient qu'une espièglerie. Cette question de morale fut portée au tribunal de l'érudit abbé Fénal, dont on ne put jamais obtenir d'autre décision, sinon que *c'était un usage chez les anciens Gaulois de tirer la langue.* Voilà un mot de caractère. Ce bonhomme, qui avait consumé ses yeux et sa vie à des recherches d'érudition, ne voyait rien en ce monde de quelque importance en comparaison de la restitution d'un passage et de la découverte d'un usage antique.

Un homme mande son médecin et lui expose qu'il

est affligé de vomissements périodiques. Le docteur regarde en souriant le fluide que l'on met sous ses yeux :

— Vous êtes trop heureux, dit-il au malade; vous nous avez restitué la *pituite vitrée* des anciens que nous avions perdue.

C'est ce même docteur qui disait :

— Mon ami tomba malade, je le traitai ; il mourut, je le disséquai...

— Docteur, lui disait-on, vous arrivez bien tard.

— Il est vrai ; cette pauvre mademoiselle Duthé n'est plus.

— Elle est morte !

— Oui, il a fallu assister à l'ouverture de son corps. Je n'ai jamais eu un plus grand plaisir de ma vie.

Ces mots ont-ils été dits pour faire rire? Aucunement. Ils ne sont plaisants qu'après examen. Ce ne sont point des *mots*, ce sont des mots de profession, ou, si l'on aime mieux, des mots de métier.

Les *mots* peuvent être dits par n'importe qui et dans n'importe quel moment; ils auront toujours, s'ils sont bien faits, quelque chose de drôle. Les autres ne sont plaisants que par rapport à la personne qui les laisse échapper et à la situation qui les lui arrache.

Le théâtre moderne fait un grand usage des *mots*. Ouvrez les pièces de MM. Dumas fils, Barrière, Augier et About, vous y trouverez sans cesse de ces plaisanteries où l'auteur s'exprime par la bouche des personnages.

— J'ai trois enfants qui sont tout mon portrait, dit un bonhomme de père.

— Je plains le plus jeune, répond son interlocuteur.

— Pourquoi?

— C'est celui qui a le plus de temps à vous ressembler.

Cela est pris du *Mariage d'Olympe*. En voici d'autres tirés de la *Vie de bohème*, qui en petille. Marcel escalade une fenêtre et voit dans la chambre un jeune homme qu'il ne connaît pas :

— Je vous demande pardon, monsieur, dit-il; vous ne pourriez pas, par hasard, nous prêter des assiettes et quelques couverts, également en argent.

— Monsieur, répond l'autre, si vous voulez attendre que je sonne, j'irai chercher une sonnette. Vous êtes artiste, monsieur?

— Oui, monsieur.

— Peintre?

— C'est vous qui l'avez dit.

— De quelle école?

— De la mienne.

— Je vous en félicite.

— Et moi aussi, monsieur. Ce nid vous appartient?

— Je ne suis que le neveu du nid. Donnez-vous la peine de tomber par ici.

Et le dialogue continue sur ce ton. N'y reconnaissez-vous pas la plaisanterie de gens qui veulent être plaisants à toute force? Ils font des *mots* pour le plaisir des spectateurs et aussi pour leur agrément particulier. Ils savent la portée de ce qu'ils disent; ils en rient les premiers, et ce n'est peut-être pas le meilleur moyen pour nous faire rire nous-mêmes.

Je ne sais pas si on trouverait un seul *mot* dans Molière. Dans l'*Amphitryon* peut-être, et encore il faudrait prendre bien garde de s'abuser. En revanche, les *mots* de passion, de caractère, de situation y étincellent de toutes parts. Je n'ai plus besoin ici de citations; tout le monde sait par cœur son Molière. Relisez-le; vous n'y rencontrerez pas une seule chose qui soit plaisante par l'envie que le personnage a d'être plaisant. Il l'est, sans le savoir, par le seul fait de la situation où il se trouve et du caractère que l'auteur lui a donné. *Sans dot! Le pauvre homme! Vous êtes orfèvre, monsieur Josse!* et tant d'autres phrases qui ont passé en proverbe, ne sont point des *mots*, car vous pouvez les tirer de l'endroit où ils sont placés, et ils n'ont plus rien de drôle, mais ils donnent profondément à réfléchir, et l'on en rit par réflexion.

Prenez même dans Molière ces boutades qui ne semblent être que des saillies d'esprit ou d'imagination. Vous y sentirez toujours un fonds de sérieux :

— J'ai quatre enfants sur les bras, dit Marton.

— Mets-les par terre, répond Sganarelle.

— Qui me demandent tous les jours du pain.

— Donne-leur le fouet.

Ces réponses font rire; mais elles sont aussi matière à penser. On y reconnaît la mauvaise humeur d'un homme peu endurant de son naturel et bûcheron de son état, mais bon enfant au fond et philosophe. « Un chien fini, mais le roi des hommes, » comme dit Gavarni.

Le *mot* d'Hippolyte, dans la comédie du *Demi-Monde*, n'apprend rien ni sur son caractère ni sur ses habitudes. Il est plaisant, et voilà tout. C'est le mot d'un homme qui ne veut montrer que son esprit; il en a, mais pas du meilleur.

Les bons mots de Molière ont un mérite; ils sont toujours neufs, parce que la vérité ne vieillit jamais. Ils nous amusent encore aujourd'hui que nous les savons par cœur. Les mots de MM. Dumas, Barrière et compagnie ne sont pas faits pour durer longtemps. Il leur faut, pour être les bienvenus, le piquant de la nouveauté; ils ne plaisent que les premiers jours, quand ils ont encore ce qu'on pourrait appeler l'esprit du diable.

Défions-nous des *mots* de théâtre; une pièce qui ne vaut que par les *mots* prouve sans doute l'esprit de l'auteur; elle n'en vaut guère mieux pour cela. Défions-nous-en même dans la conversation. Un *mot* heureux fait grand plaisir. Combien en faut-il risquer pour en trouver un bon! Ceux qui ne veulent parler que par *mots* sont forcés d'en hasarder beaucoup; ils sentent eux-mêmes que la plupart sont mauvais; mais ils croient s'excuser en les donnant comme tels. C'est la pire manière de plaisanter, et je ne saurais mieux faire, en finissant, que de citer le passage où la Bruyère la caractérise en termes si énergiques :

« On dit souvent, par belle humeur et dans la liberté de la conversation, de ces choses froides, qu'à la vérité l'on donne pour telles et que l'on ne trouve bonnes que parce qu'elles sont extrêmement mauvaises. Cette manière basse de plaisanter a passé du peuple, à qui elle appartient, jusque dans une grande partie de la jeunesse de la cour, qu'elle a déjà infectée. Il est vrai qu'il y entre trop de fadeur et de grossièreté pour devoir craindre qu'elle s'étende plus loin et qu'elle fasse de plus grands progrès dans un pays qui est le centre de la politesse. On doit cependant en inspirer le dégoût à ceux qui la pratiquent ; car, bien que ce ne soit jamais sérieusement, elle ne laisse pas de tenir la place, dans leur esprit et dans le commerce ordinaire, de quelque chose de meilleur. »

XVIII

NATUREL — NATURÉ — RÉALISTE.

Vous entrez au café pour déjeuner :

— Garçon ! une côtelette.

— Monsieur veut-il une côtelette nature ? demande le garçon.

Vous faites un signe de tête ; le garçon vous quitte, et,

quelques secondes après, vous entendez une voix formidable qui crie au soupirail de la cuisine :

— Une côtelette nature, une !

Une côtelette *nature*, c'est du français de cuisine; mais vous êtes au restaurant, rien de plus simple. Ce qui est plus étrange, c'est qu'on retrouve cette façon de parler chez des garçons qui ne sont point garçons de restaurant; c'est qu'en voyant un tableau, par exemple, ils s'écrient: « Oh! que c'est nature! » absolument comme s'il s'agissait d'une côtelette.

Depuis qu'il y a une langue française, on parle de *la nature*. Nature est un substantif féminin dont le sens est fort précis : on entend désigner par là l'ensemble des choses qui existent. Ce n'est pas qu'à cette signification générale chaque siècle n'ait joint, suivant le tour de son esprit, quelques idées accessoires; ainsi ce mot éveillait, chez les gens du xviiie, une sorte de sensiblerie bête; plus tard, vers 1825, il emportait avec soi je ne sais quelles pensées de religiosité vague, d'enthousiasme nuageux et poétique : aujourd'hui que le panthéisme est à la mode, il s'y attache une certaine idée de maternité mystique. Mais, au fond, c'est toujours la nature ; on peut la sentir de bien des façons, on n'a jamais compris que d'une seule le mot qui l'exprime.

Il nous était réservé d'en faire un adjectif. Nos pères disaient d'une œuvre d'art qu'elle est naturelle. *Naturel*, cela s'entendait : conforme à la nature. Nous avons enchéri là-dessus; nous avons voulu qu'elle fût la nature elle-même prise sur le fait; nous disons, ou du moins beaucoup de gens disent, qu'elle est *nature*.

S'il n'y avait là qu'un affreux barbarisme, je ne croirais guère utile d'en parler; un de plus, un de moins, ce n'est pas une affaire. Mais les barbarismes ne poussent pas dans la langue, comme les champignons dans les bois, en une nuit et sans racines. Ils ont leur raison d'être. Celui-là vient d'un système faux, qui eut son beau temps, il y a quelques années, et qui, en s'en allant, ne nous laissera de lui, pour tout souvenir, qu'une expression mauvaise.

L'art consiste à copier, à reproduire la nature. Mais la nature a ses laideurs comme le visage humain a ses verrues. Il y a dans un paysage des aspects hideux et repoussants, dans notre âme des sentiments honteux et malsains; parmi les grands artistes, quelques-uns les négligent, d'autres les souffrent; aucun ne s'y attache avec amour, et ne songe à en faire le fond de son œuvre.

Il s'est élevé, dans ces vingt dernières années, une petite école de peintres, de poëtes et de romanciers, qui ont professé sur l'art de tout autres idées. Ils ont pris plaisir à contempler les verrues; ils ont déclaré que le comble de l'art était de les rendre dans toute leur laideur. Ils les ont faites si laides, si laides, que le public n'a pas manqué de les reconnaître :

— Comme c'est bien ça! disaient-ils, ah! mon Dieu! la belle verrue! Pour une vraie verrue, c'est une vraie verrue! c'est la nature même; c'est tout à fait *nature*.

Les gens qui excitaient cette admiration se donnaient à eux-mêmes le nom de *réalistes*. Encore un bien joli mot! Je demandais à quelqu'un de m'expliquer ce qu'on entendait au juste par là, et quelle différence il y avait entre un *réaliste* et un *artiste*. Il me répondit par cet apologue :

Un grand seigneur avait une fort belle maison de campagne dont il voulait faire lever le plan. Un architecte et un maçon se présentèrent pour cette besogne. Comme le maçon avait un aspect fort crotté, on le conduisit à l'écurie. Il crut que c'était là tout le château : il l'étudia à fond, et il en fit une description minutieuse, sans omettre un seul brin de paille. Son travail eut un grand succès parmi les palefreniers, qui en admirèrent l'exactitude. Cependant l'architecte s'assit à la table du maître; il se promena avec lui dans de magnifiques appartements, dans de vastes jardins, et donna même, en passant, un coup d'œil à l'écurie; car il ne faut rien oublier. Il leva un plan très-fidèle, où l'on pouvait reconnaître la superbe ordonnance de la maison, et où néanmoins chaque détail était marqué à la place qu'il devait avoir. Quand il sortit, le maçon, tout fier des éloges qu'il avait reçus, vint pour lui serrer la main.

— Camarade..., lui dit-il.

L'architecte tourna la tête et passa outre sans répondre un seul mot. Le maçon le suivit des yeux, et, haussant les épaules :

— Va, va, dit-il, ça n'empêche pas que j'ai pour moi l'estime des palefreniers!

Les maçons de l'art font des tableaux ou des romans qui sont *nature*. Un véritable artiste serait bien fâché si on lui disait que son œuvre est la nature même; il trouverait peut-être l'éloge médiocre. Il a pris sans doute la nature pour modèle, mais il y a mis quelque peu du sien. Il l'a accommodée au tour particulier de son génie, retranchant d'un côté, ajoutant de l'autre, ordonnant en un mot une composition qui ait des proportions exactes, ce que la nature ne se donne jamais la peine de faire; car elle travaille pour elle et non pour nous. Il est bien rare qu'elle nous *forme un horizon à souhait pour le plaisir des yeux*. Et, quand elle y réussit, c'est sans y prendre garde.

Les connaisseurs qui se trouvent devant une œuvre d'art constatent d'abord qu'elle est *naturelle*. C'est son premier mérite; il faut bien qu'un portrait soit conforme à son modèle. Mais ce n'est pas le seul, et j'oserai presque dire que ce n'est pas le plus important. Ils cherchent encore et ils apprécient ce que l'artiste a mis de soi dans son œuvre; ils voient à travers une peinture briller l'âme de celui qui l'a faite. Les gens qui se pâment devant une verrue ne voient que la ressemblance, et s'écrient d'admiration : « Comme c'est *nature* ! »

Repassez, je vous prie, dans votre mémoire, les occasions où vous avez entendu ce mot, où il vous est échappé à vous-même, vous verrez que c'est toujours en présence d'une chose laide parfaitement imitée. Vous est-il jamais arrivé, en écoutant *le Cid*, de penser que telle ou telle scène était *nature*? Quoi de plus naturel pourtant que ce cri d'enthousiasme :

> Paraissez, Navarrais, Maures et Castillans,
> Et tout ce que l'Espagne enferme de vaillants!

C'est la nature, en effet, mais échauffée, mais agrandie par le génie de Corneille. Mais, en revanche, l'expression s'applique, on ne peut mieux, à Henry Monnier dans le rôle de Prudhomme. C'est qu'aussi M. Prudhomme, c'est la nature prise sur le fait, dans ses côtés les plus vulgaires. L'*Antiope* du Corrège est *naturelle*, les *Baigneuses* de M. Courbet sont *nature* ; *Manon Lescaut* est un livre plein de naturel, la *Mariette* de M. Champfleury est *nature*.

Je me trouvais l'autre jour dans un salon où la compagnie s'amusait du babil d'un enfant de cinq ans, le fils du maître de la maison. Je ne sais ce qu'une des personnes qui était là lui dit.

— Ah bien! nous répondit l'enfant, ça m'embête!

La mère rougit, et, tout en grondant, mit l'expression au compte des domestiques. Mais un des assistants avait déjà pris le bonhomme dans ses bras :

— Comme c'est nature! s'était-il écrié en l'embrassant.

Soyez sûrs que si l'enfant avait, par hasard, au lieu de dire une sottise, laissé échapper un bon sentiment, personne n'eût songé à le trouver *nature*.

M. Émile Augier a dit dans une de ses pièces, en répétant un vieux mot que Molière employait souvent et qui choque aujourd'hui la pruderie de nos oreilles :

Que le mot soit vilain, quand vilaine est la chose !

Nature est un vilain mot qui disparaîtra de la langue des critiques et des artistes, quand on cessera d'admirer de vilaines œuvres.

XIX

PITTORESQUE — ILLUSTRÉ.

Balzac avait à se plaindre d'un homme du monde.

— Le malheureux, s'écriait-il, il ne sait donc pas que je puis d'un trait de plume rendre son nom si infâme ou si ridicule qu'il n'ose plus se présenter nulle part !

Balzac disait vrai. Imaginez un pauvre diable qui a reçu de son père le nom de Marneffe, et le porte dignement au fond de sa province. Il s'endort un beau soir, sans songer à mal, et s'éveille le lendemain déshonoré. Il y avait peut-être dans un coin de la Gascogne ou de la Normandie un monsieur Mayeux qui vivait très-considéré dans sa petite ville; le hasard fait que son nom tombe sous la main d'un caricaturiste : voilà un homme à qui il ne reste plus qu'à se brûler la cervelle.

Il en est des mots qui désignent les objets comme des noms qui sont attachés aux personnes. Vous en voyez qui étaient bien faits, harmonieux, qui enfermaient beaucoup de sens et le rendaient de la façon la plus nette et la plus vive. Ils étaient reçus dans la langue écrite, et voltigeaient sur les lèvres de la bonne compagnie. Il leur arrive tout d'un coup un accident qu'il était impossible de prévoir, et contre lequel ils ne peuvent rien. Un industriel s'en empare; il les accole au nom de sa marchandise; il joint si bien les deux termes qu'il les rend désormais inséparables dans la pensée de tout homme qui les prononce. Et dès lors c'en est fait du mot que vous admiriez. Adieu son énergie et sa grâce.

Connaissez-vous dans notre dictionnaire un mot qui eût une signification plus précise et la traduisît plus vivement que celui de *pittoresque?* Je ne sais quand il est né; mais il doit être du bon temps de la langue. Les savants, qui fabriquent aujourd'hui les mots, auraient fait *pictural* par le même procédé qui leur a servi pour *sculptural;* c'est le peuple qui a dit *pittoresque.* Le peuple a de l'imagination, et ce mot-là saisit par l'allure des syllabes qui le composent et le son bref de sa terminaison.

Il a eu ses beaux jours qui sont aujourd'hui passés, ou peu s'en faut. Un éditeur, il y a trente ans ou plus, s'avisa de publier une description de l'univers, où le texte fut commenté par des gravures. Il chercha pour son ouvrage un nom qui fît effet, et le malheur voulut qu'il rencontrât *pittoresque.* Pittoresque! c'était bien cela; un livre qui peint les choses à l'esprit et aux yeux devait s'appeler un livre pittoresque. *L'Univers pittoresque* amena *le Magasin pittoresque*, qui traîna à sa suite une incroyable foule de publications *pittoresques*. Les éditeurs firent fortune, et le mot fut ruiné. Il devint dès lors impossible de l'employer dans le discours, sans songer aussitôt à une spéculation de librairie, sans se représenter des gravures sur bois, encadrées d'un texte en colonnes. *Pittoresque* ne s'offre plus à l'imagination qu'escorté d'idées qui lui sont tout à fait étrangères et n'ont rien d'agréable. Il tombe peu à peu en désuétude. On n'oserait plus guère écrire d'un paysage qu'il est pittoresque, et c'est vraiment dommage. On dirait peut-être encore d'une description de M. de Châteaubriand qu'elle est *pittoresque;* mais le terme paraîtrait déjà bien vieillot s'il s'agissait d'une page de M. Prosper Mérimée.

La fortune d'*illustré* est plus fâcheuse encore. C'est un mot fossile aujourd'hui, dans son acception propre. Je ne connais plus que M. Cousin en France qui ose, à l'heure qu'il est, écrire la phrase suivante : « Et maintenant que nous sommes en possession de la clef de *Cyrus*, ce sentiment d'admiration pour le grand siècle nous suggère la pensée de nous servir d'un roman pour *illustrer* l'histoire, et de continuer, par un chemin assez nouveau, nos vieilles études sur un siècle cher à notre patriotisme. »
— Sentez-vous ici la force du mot *illustrer*? Illustrer l'histoire de France, c'est proprement répandre sur elle la lumière que fournit au critique le roman de mademoi-

selle de Scudéry. Il a dans cette phrase toute son énergie étymologique. M. Cousin parle naturellement la langue u XVII⁰ siècle ; les vieux mots n'ont pas mauvaise grâce dans son style, mais partout ailleurs *illustrer*, pris en ce sens, serait un archaïsme. C'est un terme que les journaux *illustrés* ont fini par démonétiser.

L'honnête homme et l'homme d'esprit qui fonda *l'Illustration*, M. Paulin père, se plaisait à ces questions de linguistique. Il aimait la bonne langue, et la gardait avec un soin jaloux. Je lui reprochais, en badinant, d'avoir contribué pour sa part à perdre un beau mot et qui était si plein de sens. Il me répondit avec grande raison que les journaux, en s'appelant illustrés, avaient fait un emploi très-juste du mot, puisqu'en effet ils répandaient sur le texte la lumière du dessin.

Ce qui a nui à cet adjectif, ajoutait-il, c'est l'effroyable abus qu'on en a fait. De hardis spéculateurs, qui couvraient de leurs prétendus dessins une ou deux feuilles d'impression, prétendirent que c'était là les *illustrer ;* le public les a crus sur parole, et le mot a péri.

Un livre et un journal ne devraient avoir le droit de se dire *illustrés* que si en effet la gravure dont le texte y est accompagné le commente, l'explique et l'embellit. Mais il en est aujourd'hui des publications *illustrées* comme des hommes *illustres :*

> Rien n'est si commun que le nom,
> Rien n'est si rare que la chose.

XX

PROVIDENTIEL — UN HASARD PROVIDENTIEL.

J'étais l'autre jour dans une réunion de jeunes gens où l'on causait, tout en fumant, de mille et une choses et de quelques autres. Car on cause encore de notre temps, et la conversation n'est pas si bien morte que le pensent certains esprits chagrins. Je vois qu'au XVIIIe siècle, l'âge d'or de la conversation française, Duclos se plaignait déjà qu'on ne sût plus causer; la Bruyère avait fait, cent ans plutôt, les mêmes plaintes; chaque siècle s'est ainsi répandu en doléances qui n'avaient point de fondement, et nous en faisons à notre tour qui ne sont pas plus justes. La conversation ne périt pas; elle se transforme. Nous ne savons plus dire les riens charmants qui amusaient les loisirs de nos aïeux : c'est qu'en vérité, depuis 89, nous avons des affaires plus sérieuses. Les questions de politique ou de philosophie sont le fond le plus ordinaire de nos entretiens ; et il est fort naturel qu'à traiter des sujets sévères et parfois irritants, la conversation prenne un ton plus âpre et tourne aisément à la discussion. J'avouerai donc ingénument que, dans notre petit cercle, on en vint assez vite à discuter, et chaudement, comme il arrive toutes les fois que la philosophie est en jeu.

L'un d'entre nous avait raconté que le jour où eut lieu, sur le chemin de fer de Versailles, ce terrible accident qui coûta la vie à une centaine de personnes, il avait manqué le convoi de quelques secondes :

— C'est un hasard providentiel, ajouta-t-il.

Nous nous mîmes à rire. Cette phrase de journal lui avait sans doute échappé dans le feu de la narration; mais, dès qu'il vit que l'on s'en moquait, ce fut une raison pour lui d'y tenir et de la défendre.

— Qu'y a-t-il là de si plaisant? dit-il d'un ton piqué.

— Crois-tu donc, lui répondit quelqu'un, qu'il n'y ait de Providence que pour toi, comme ces gens qui s'imaginent avoir une étoile pour eux tout seuls? Si c'est la Providence qui t'a fait manquer le convoi, il faut bien admettre aussi que c'est cette même Providence qui l'a fait sauter. Tu ne peux la bénir sans que tous les pauvres diables qui ont perdu quelque membre à cette aventure ne soient en droit de l'accabler de malédictictions. Le cierge que tu lui dois sera-t-il pour elle une compensation suffisante? Tu n'es pas arrivé à temps pour prendre ton billet; c'est un hasard, soit : mais il ne faut pas mettre la Providence de la partie; ce ne sont point ses affaires; et ces deux mots : *hasard* et *Providence*, ne peuvent être accouplés l'un à l'autre; ils jurent ensemble.

La discussion s'engagea là-dessus. L'un prétendit que

le hasard gouverne le monde; un autre affirma qu'il n'y a point de hasard, et que ce n'est là qu'un mot. Quelques-uns soutenaient que la Providence est un ensemble de lois, et ils ne dirent point ce qu'ils entendaient par lois.

Voltaire dit quelque part que, lorsque deux philosophes disputent ensemble sans se comprendre l'un l'autre, ils font de la métaphysique, et que, lorsqu'ils ne se comprennent plus eux-mêmes, ils font de la haute métaphysique. Nous commencions à nous élever dans les régions de la haute métaphysique; je voyais le moment où les gros mots allaient voler de part et d'autre à défaut de bonnes raisons; et je sentais déjà frémir sur les lèvres les vilaines épithètes de jésuite et d'athée. Le maître du logis, qui s'était tu jusqu'alors, prit la parole et dit :

— Vous pourriez disputer ainsi jusqu'au jour du jugement dernier sans vous mettre d'accord et sans même savoir sur quoi vous n'êtes point d'accord : car la discussion s'est engagée sur des mots dont vous n'avez défini ni le sens ni la portée. Rappelez-vous ce que répète sans cesse notre ami Taine : « Il faut analyser les termes dont on se sert. »

Il alla chercher un livre dans sa bibliothèque, l'ouvrit, et lut :

« Analyser, c'est traduire. Traduire, c'est apercevoir sous les signes des faits distincts. Si je lis le nombre 27, je puis indiquer aussitôt que 27, c'est $26+1$, que 26, c'est $25+1$, et ainsi de suite. Je fais l'analyse de 27. Pareillement, quand je prononce les mots *force, digestion, volonté*, ou tout autre, je dois pouvoir dire en quels mots ils se résolvent, et à quels fait ces mots correspondent. Alors seulement je les ai analysés. »

Il ferma le volume.

— Analysons, si vous le voulez bien, le mot *hasard* c'est-à-dire décomposons-le en des mots plus simples, et voyons quels ordres de faits sont cachés sous ces mots.

» Une tuile tombe du haut d'une maison; il était impossible qu'elle n'en tombât point, car la toiture était vieille et il faisait grand vent. Vous passez juste au même moment dans la rue, et vous recevez la toile droit sur la tête. Il était encore impossible que cela ne fût point; car vous aviez affaire de ce côté, précisément à cette heure, et l'autre trottoir était encombré de monde. Mais la tuile ne tombait pas exprès pour vous casser la tête; vous ne passiez point par là pour le plaisir d'en être écrasé : il y a donc, entre ces deux faits également nécessaires, une coïncidence que vous n'aviez point prévue. Pour plus de facilité dans le langage, nous désignons cette coïncidence non prévue par un mot particulier, et nous la nommons *hasard*.

» Vous allez aux bains de mer dans la belle saison; vous ne pouviez pas faire autrement, car vous êtes marié et, partant, l'humble esclave de madame, et madame a ses raisons pour désirer ce petit voyage. Vous rencontrez à Trouville un jeune ami sur la présence duquel vous ne comptiez pas; vous lui serrez la main :

» — Ce cher Édouard! Eh! quel heureux hasard?...

» — Rassurez-vous, mon bon ; la coïncidence n'était pas imprévue pour tout le monde, et elle n'est un hasard que pour vous.

» Multipliez tant qu'il vous plaira les exemples : vous verrez que par ce mot, sans bien nous en rendre compte, nous entendons toujours un rapport entre deux faits, rapport aussi nécessaire que les faits eux-mêmes, et qu'avec un peu plus d'application d'esprit, nous aurions pu prévoir, mais qu'enfin nous n'avons pas prévu.

» Dès lors tout s'explique et devient clair : « Il n'y a pas de hasard, dit l'un, et le hasard n'est qu'un mot. » Il a raison : le hasard n'est pas un être qui existe par lui-même, qui ait sa vie propre. Ce n'est que le signe apparent d'un rapport caché. « Le hasard gouverne le monde, » dit un autre. La métaphore n'est peut-être pas très-précise ; mais au fond l'idée en est juste. Dans cette infinie variété d'événements, où nous sommes tantôt parties et tantôt spectateurs, il y a une foule de rapports qui nous éclatent tout d'un coup aux yeux, sans que nous les ayons attendus. Ils nous font plaisir ou peine, selon les circonstances ; ce sont des hasards heureux pour nous, ou malheureux ; mais, quels qu'ils soient, nous ne devons ni remercîments ni plaintes aux faits, qui poursuivent fatalement leur marche, sans même se douter que nous ayons souffert ou joui de leur rencontre.

» On dit souvent que *le hasard est le dieu de la guerre.*

C'est encore une métaphore un peu ambitieuse, mais dont le fond est vrai.

» La guerre est peut-être, de toutes les affaires humaines, celle où le plus grand nombre d'ordres de faits différents doivent concourir au même but sous la même direction. Il est fort naturel qu'il y ait, parmi cette foule, des rencontres tout à fait inattendues ; car la vue de l'homme est courte, et le plus grand général est celui qui *arrache le plus au hasard*, c'est-à-dire qui prévoit le plus de ces coïncidences, pour s'en servir, si elles lui doivent être favorables, et, dans le cas contraire, pour y remédier.

» Si nous revenons au point d'où est partie toute cette discussion, nous trouvons dans cet accident de chemin de fer deux faits très-distincts : d'un côté, le convoi qui saute, et de l'autre notre ami qui le manque. On m'accordera bien qu'il fallait que la machine se brisât, si elle était trop faible pour résister à l'action de la vapeur ; il n'était pas moins impossible que notre ami arrivât à temps, car il est toujours en retard, et il avait sans doute ce jour-là quelque affaire qui le retenait. Mais il ne s'imaginait pas que ce retard lui sauverait la vie ; et il a parfaitement raison d'appeler *hasard* cette coïncidence, dont il n'avait point prévu le résultat.

» Voilà le mot analysé ; nous avons traduit le terme *hasard*, que nous n'entendions point, en d'autres termes qui sont fort clairs : « coïncidence non prévue, » et nous avons mis au jour les faits qui se cachaient sous ces termes. Rien de plus clair jusque-là ; mais, quand vous ajoutez : « providentiel, » je n'y suis plus ; je m'embrouille. Voilà un mot que je ne comprends point ; j'ignore en quels ordres de faits peut se résoudre ce mot de *Providence*.

A ces mots, une partie de l'assemblée se récria violemment.

— Eh ! sans doute, reprit-il, quand je parle de faits, je sais, et tout le monde sait comme moi ce dont je parle. Ils sont là ; on peut les vérifier, les contrôler. Je m'aperçois qu'un certain nombre sont de même ordre et engendrés par d'autres faits plus généraux, qui relèvent eux-mêmes de faits plus compréhensifs. Cette génération des faits s'appelle loi, et nous nous élevons ainsi de lois en lois, lentement, mais sûrement, à la découverte de l'éternelle vérité. Hors de là, il n'y a que ténèbres, confusions, erreurs interminables et aigres disputes. Vous le voyez bien, puisque vous ne pouvez vous entendre sur le mot de *Providence*.

» Il en est de ce terme comme de tous ceux que l'on n'a point expliqués et qui flottent dans une vague obscurité. Tout le monde s'en sert, et l'on en fait un terrible abus.

» Garibaldi sort de son île, il se met à la tête de quelques centaines d'hommes déguenillés ; en trois mois il a conquis deux empires et donné la liberté à l'Italie : le doigt de Dieu est là, s'écrient *le Siècle* et *l'Opinion nationale;* c'est un fait *providentiel.*

» Un an après, le comte de Cavour meurt foudroyé, juste

le jour où l'Italie célébrait la fête de sa liberté rendue, et sa mort remet tout en question : le doigt de Dieu est là, disent *la Gazette de France* et *l'Union;* c'est un fait *providentiel.*

» *Providentiel* est un méchant mot, qui, comme tous les faux pavillons, couvre toutes sortes de marchandises. Nous ferons bien de nous en défaire, et surtout de ne pas le joindre au terme de *hasard*, dont il gâte le sens très-précis. Quand j'assure que deux faits ont eu lieu en même temps, et que je n'avais point prévu cette coïncidence, j'avance une chose incontestable. Si j'ajoute que cette coïncidence a été prévue par un autre, j'en dis une que j'ignore, et qu'il m'est impossible de prouver. Si je laisse entendre en même temps que cet autre, quel qu'il soit, a voulu que ces deux faits se choquassent devant moi, uniquement pour que j'eusse le plaisir d'échapper au choc et l'occasion de l'en remercier, c'est là une idée si bizarre, si monstrueuse, que je n'ai plus d'expression pour la qualifier.

C'est ainsi que parla le maître du logis, et il me sembla que c'était fort sagement parlé. Tout le monde parut l'écouter avec attention, et se remit ensuite à discuter sur nouveaux frais, comme s'il n'avait rien dit.

XXI

PRUDHOMME.

Il est quelquefois arrivé que les noms donnés par de grands écrivains à leurs personnages ont passé dans l'usage ordinaire et sont devenus des mots de la langue usuelle. On sait, par exemple, que le *renard*, qui s'appelait *goupil*, du mot latin *vulpes*, doit le nom qu'il porte aujourd'hui à la vogue extraordinaire dont jouit autrefois le roman du *Renart*. — Sans remonter si loin, Molière a créé *Tartufe* et *tartuferie*; on lui doit aussi le mot de *Géronte*, pour désigner un vieillard imbécile et crédule. Peut-être faut-il lui rapporter encore celui de don Juan. Richardson a mis en circulation le terme de Lovelace, et Shakspeare celui d'Othello.

Quand on parcourt la liste des noms que le monde a bien voulu prendre aux romanciers ou aux poëtes, et consacrer par un emploi de tous les jours, on est surpris de la trouver si courte. Il n'y en a guère qu'une dizaine qui soient devenus vraiment populaires. Les types créés par les grands écrivains et qui vivent d'une vie immortelle sont infiniment plus nombreux; mais la plupart n'ont pas eu la fortune d'être adoptés par le public.

Quelques-uns représentaient des caractères ou des passions qui, n'étant pas de l'ordre commun, ne pouvaient faire le fond des conversations ordinaires. Il y a fort peu d'hommes aussi généreux et aussi bourrus qu'Alceste, et voilà pourquoi l'on n'a jamais songé à dire : un Alceste. On ne trouverait guère de passions aussi furieuses que celle de Phèdre ; aussi n'a-t-on jamais eu besoin de ce mot pour caractériser une femme du monde.

Quelques autres de ces personnages ont joué de malheur. Pourquoi ne dit-on pas un *Grandet?* Je n'en sais rien, en vérité. Pourquoi tel limonadier, qui vend de la drogue, gagne-t-il cent mille écus par an, tandis qu'à côté de lui son confrère se ruine? Il y a un mot pour expliquer ces inexplicables fortunes : c'est la *chance.* Certains hommes n'ont pas de chance ; il en est tout de même des mots dont se forme la langue. Aucun des types qu'a créés le grand Balzac n'a pu passer dans le dictionnaire de la conversation ; il n'est personne en revanche qui ne connaisse PRUDHOMME, qui ne sache ce qu'on entend par : *une phrase à la Prudhomme.*

J'ai beau chercher dans ma mémoire, je ne trouve, en notre temps, aucun autre personnage qui ait joui de cette popularité, et dont le nom soit entré aussi avant dans les habitudes de la langue quotidienne. Cette fortune semble au premier abord si étrange, qu'il sera peut-être curieux de l'expliquer.

Si l'on se reporte aux *Scènes populaires* d'Henry Monnier, où le célèbre maître d'écriture parut pour la première fois, on verra avec quelque surprise qu'il n'était rien moins alors que ce qu'il est devenu aujourd'hui. M. Henry Monnier, qui a sans doute beaucoup vécu avec le public bourgeois de son temps, en avait observé les ridicules, et s'était amusé à les peindre sous le nom de Prudhomme.

M. Prudhomme n'était point alors la personnification de la bêtise humaine au XIXe siècle. C'était un bon petit bourgeois du Marais ou de la rue Saint-Denis. Il dînait volontiers chez les Pitois ou s'en allait à Vincennes, en partie de campagne, avec les Camaret. Il y portait son melon, il y chantait au dessert des couplets de vaudeville, et voulait qu'on en reprît le refrain en chœur. Il aimait le spectacle, il se plaisait à y conduire madame Prudhomme, son épouse, aux jours consacrés par des souvenirs de famille. Il contait ensuite la pièce, acte par acte, à ses amis, entremêlant son récit d'anecdotes sur les acteurs, d'appréciations sur leur jeu, et s'embrouillant avec une dignité convaincue dans toutes ses digressions. Il ne haïssait point la plaisanterie, pourvu qu'elle fût décente : « Rions, badinons, mais n'allons pas plus loin. » Il était d'humeur liante et gaie; c'est lui qui, descendu de la diligence pour un instant, demandait à un voyageur, dans la même posture: « Monsieur est avocat? »

Quand c'était la fête de madame Bidard, il n'aurait manqué, pour rien au monde, d'apporter son bouquet et d'y joindre quelques vers bien sentis, de quatorze pieds, qu'il récitait avec un orgueil modeste. Les arts ne lui déplaisaient point, et il n'avait pas horreur des artistes, quand ils savaient respecter les convenances. Il approuvait que madame Bidard eût fait tirer son portrait, pour en faire une douce surprise à ses enfants et à son mari, car il aimait les surprises qui embellissent la vie de famille.

L'emphase bête du langage et la prétention dans le lieu commun n'étaient alors qu'un des moindres traits de son caractère. Le Prudhomme de ce temps-là eût déjà pu dire: « Ce sabre est le plus beau jour de ma vie; » mais il n'eût pas été tout entier dans cette phrase. Il y avait chez lui un fonds de bonhomie et de joyeuseté bourgeoise qui a depuis tout à fait disparu. Il s'en allait de temps à autre chercher une bonne vieille bouteille de derrière les fagots, et la buvait gaillardement avec ses compères. Ce niais solennel était avant tout un brave homme et un homme gai.

C'est ainsi que l'avait peint Henry Monnier, et jamais portrait ne fut plus ressemblant. On ne trouverait peut-être plus à Paris cette petite société des Camaret, des Pitois, des Bidard; mais elle existe encore en province, et il est probable qu'elle s'y conservera encore longtemps.

Mais ce type du petit bourgeois a subi depuis lors une transformation dont les progrès sont vraiment singuliers. Il lui est advenu ce qui arrive à certains mots de la langue quand la mode s'en empare. Ils avaient à l'origine un sens très-net, très-arrêté; mais, à force de servir et de passer de mains en mains, ils s'emplissent lentement d'idées nouvelles, que le public y verse goutte à goutte, sans presque s'en apercevoir. Le terme s'élargit peu à peu; ses contours se bouffissent et flottent confusément, il finit par n'avoir plus de sens précis, ni de physionomie distincte. Le type des Prudhomme en est là aujourd'hui : chaque artiste s'en est emparé à son tour, et y a fait entrer de vive force toutes les niaiseries, toutes les sottises, toutes les aberrations de la bourgeoisie de 89.

Si les grandes lignes du personnage avaient été marquées par une main très-habile et très-ferme, elles auraient sans doute résisté. Voyez ce qui est arrivé au Tartufe de Molière : trois générations d'hommes ont pressé en quelque sorte et foulé dans ce caractère toutes les sortes d'hypocrisie; mais les contours en étaient si élastiques et si solides à la fois, que tout y a pu tenir sans les faire éclater. Quand on regarde au fond de Tartufe, on y voit, comme en un tas énorme, ramassé tout ce qui s'est commis au monde de lâchetés et d'infamies. Ce n'en est pas moins le Tartufe que nous connaissons, avec son teint fleuri, son oreille rouge et cette main lubrique qu'il laisse traîner sur les genoux des femmes.

Henry Monnier n'avait pas su donner à son Prudhomme une organisation aussi vigoureuse. Ce type, devenu trop étroit pour les idées nouvelles que chacun y poussait, a bientôt craqué de toutes parts; il n'a plus été, au bout de quelques années, qu'une sorte de personnification vague et flottante, sous laquelle on a pris l'habitude de se représenter la bêtise bourgeoise de notre temps, quelque chose d'informe, de monstrueux,

> Et que méconnaîtrait l'œil même de son père.

Il en est de la bêtise comme de toutes les choses humaines; le fond n'en change guère; elle a ses traits principaux et dominants, qui persistent, toujours les mêmes, à travers les âges. Mais elle a de plus ce qu'on pourrait appeler ses accidents de physionomie, qui se modifient de siècle en siècle et qui en renouvellent l'aspect. Un homme que nous connaissons pour être une franche bête n'aurait point passé pour un homme d'esprit cent ans plus tôt. Il eût toujours été bête; il l'eût été autrement. Sa bêtise aurait eu l'accent du siècle.

La nôtre a l'accent sérieux. Nous sommes devant une nation sérieuse. Oui, le peuple français, ce peuple gai et chantant, qui avait pour symbole la vive alouette perchée sur le casque du soldat gaulois, est devenu un peuple éminemment grave et qui a autant de respect pour le sérieux bête, qu'il avait de goût jadis pour l'esprit vif et plaisant de ses pères. C'est la faute de la Révolution.

Autrefois, on n'avait qu'à se donner la peine de naître pour être arrivé. On naissait et l'on mourait bottier, magistrat, grand seigneur. On ne s'occupait guère des affaires de l'État; on s'en reposait sur le roi. On n'avait

pas non plus à songer aux siennes. Point d'autre souci
que de s'amuser comme on pouvait, une fois sa tâche
faite : le peuple, en s'enivrant et en chantant *la Mère
Godichon;* les hommes d'esprit, en faisant de l'esprit.
Il faut se pousser à présent; vilain mot et triste affaire !
On n'a plus le temps de rire; on n'y a plus le cœur.
Chacun veut une place ou défend la sienne.

Ceux qui n'en ont point encore ont l'air soucieux.
C'est qu'en effet leur position n'a rien de gai. Parmi
ceux qui sont déjà casés, comme on dit, les uns veulent
arriver plus haut, les autres entendent ne pas se laisser
culbuter. Ils sentent bien qu'on ne peut se défendre que
par le sérieux. Le sérieux, dit un moraliste, est un mystère du corps et de la parole inventé par les sots pour
cacher la nullité de l'esprit. Il n'y a, en effet, rien de
plus inattaquable que le sérieux; tous les sots l'emploient d'instinct. Les gens d'esprit ne veulent pas leur
laisser cet avantage et font comme eux en enrageant.

Si vous doutez du changement qui s'est opéré dans
nos mœurs, lisez le *Voyage du président de Brosse en
Italie.* On n'est pas plus piquant, plus leste, plus sans
gêne que ce magistrat du XVIIIe siècle. Il conte qu'échauffé
par une longue course en voiture, un jour de grande
chaleur, il ôta sa culotte et mit son derrière à la portière
pour se rafraîchir l'haleine. Ce trait n'est pas d'un goût
merveilleux, j'en conviens, mais il montre assez ce que
pouvait dire à cette époque un président au Parlement,
sans rien perdre de sa considération. Comparez à ce

sans-façon d'allure et de style la gravité hautaine et la morgue de nos magistrats.

C'est que de Brosse n'avait plus rien à espérer ni à craindre; il était arrivé et jouissait de la vie. On le respectait parce qu'il était respectable. Nos magistrats sentent bien que, s'ils sont respectés, c'est bien un peu parce qu'ils sont magistrats. Aussi le sont-ils jusqu'au bout des ongles.

Chamfort disait avec finesse qu'un grand vicaire peut sourire à des propos contre la religion, l'évêque rire tout à fait, le cardinal y joindre son mot. De son temps, oui, sans doute. Tous ces gens-là étaient sûrs d'eux-mêmes et de leur public. Mais, aujourd'hui, le pape lui-même n'oserait plus se permettre un simple sourire. Il a bien d'autres affaires, et ce n'est pas le temps de s'amuser à la bagatelle.

Toutes les misères dont se compose le sérieux de notre temps, les petites passions, les jalousies, les haines, les vanités, les envies féroces de parvenir, les peurs blêmes d'être jeté à bas, l'horreur du trait vif et du mot précis, l'amour du lieu commun, la prétention et l'emphase du langage, toutes ces choses et bien d'autres, dont nous souffrons, comme d'un malaise général, sans trop nous en rendre compte, ont été peu à peu versées dans ce personnage de Prudhomme, qui s'est trouvé là à point pour les recevoir.

Tout le monde aujourd'hui est plus ou moins Prudhomme; mais tout le monde l'est par quelque endroit.

Je ne parle pas de l'épicier, qui croit accomplir une mission civilisatrice et sociale en vendant du poivre à faux poids ; cela va sans dire. Mais prenez les gens instruits, ceux qui se moquent le plus des Prudhommes de bas étage.

Où est-on plus Prudhomme que dans le monde officiel ? J'ai déjà cité quelque part le discours d'un préfet aux sapeurs-pompiers d'un village. Mais ce discours est si beau dans son genre, que je demande la permission de le recopier :

« Sapeurs-pompiers de Saint-Pierre-lès-Vimeux,

» Monsieur le sous-préfet de Molinchart m'avait bien dit que je trouverais à Saint-Pierre-lès-Vimeux une belle compagnie de sapeurs-pompiers. La réalité a encore dépassé mon attente. (*Se tournant vers les conseillers de préfecture.*) Voilà, messieurs, ce que j'appelle une belle compagnie de sapeurs-pompiers. (*Tous les conseillers de préfecture s'inclinent avec un sourire d'assentiment.*)

» Sapeurs-pompiers de Saint-Pierre-lès-Vimeux, je suis heureux et fier de me trouver au milieu d'hommes comme vous. Les sapeurs-pompiers sont partout le modèle du dévouement à la patrie ; et, pour moi, je ne vous le cache pas, quand un incendie éclate, c'est toujours aux sapeurs-pompiers que je m'adresse.

» Sapeurs-pompiers de Saint-Pierre-lès-Vimeux, on vous dit que l'Empereur n'aime pas le peuple ; on a tort, car on ment, et, lorsqu'on ment, on a toujours tort. *Vive l'Empereur !* »

J'imagine que ce préfet, s'il était homme d'esprit, a dû bien rire de son discours, une fois rentré chez lui. Mais ce qu'on n'imaginerait pas, c'est le succès qu'obtint parmi les indigènes ce morceau d'éloquence à la Prudhomme. Chamfort avait bien raison de dire : « Il ne faut pas monter sur des tréteaux ; mais, quand on y monte, il faut être charlatan ; sans quoi, la foule vous jette des pierres. » Ce préfet avait pris le style de Prudhomme pour plaire à des Prudhommes.

On se rappelle dans le *Maître Pierre*, de M. Edmond About, ce maire de village qui aimait mieux mourir *perpendiculairement* d'une tuile sur la tête que de forfaire à l'érection d'une fontaine ; qui déclarait que la sagesse dans le conseil est le plus bel *orifice* d'un magistrat municipal ; qui assurait que M. le préfet de Bordeaux lui avait toujours témoigné la même bienveillance, quoiqu'il eût changé plusieurs fois depuis 1830. Encore une bonne médaille de Prudhomme.

Et ces hommes pieux qui, au moment où les Italiens se donnent la main par-dessus les États du pape, font de grandes phrases sur la religion menacée, parlent abondamment et en haut style de sacrilége infâme, de violation des droits divins, ce sont des Prudhommes, s'ils sont de bonne foi. Mais de quel nom les appeler, s'ils ne pensent pas ce qu'ils disent? Les Prudhommes ne sont pas seulement ridicules, ce sont encore des êtres malfaisants! Ils bavent toujours, ils mordent quelquefois.

Dans le journalisme même, combien de Prudhommes!

Nous le sommes tous au moins une fois en notre vie ; mais que d'écrivains le sont constamment et de propos délibéré ! Ne lisez-vous pas tous les jours de poétiques dithyrambes sur ceci, sur cela et sur bien d'autres choses encore ? Plaignons ceux qui les écrivent ! L'un a le sérieux pincé et roide, l'autre a le sérieux plein d'onction et de majesté ; tous sont sérieux comme gens qu'on étrille.

On dit à cela que ce sont des hommes d'esprit qui rient les premiers des tartines qu'ils livrent comme pâture à la foule imbécile. Je n'en sais, ma foi, rien. Madame Deshoulières disait qu'à jouer le brelan,

> On commence par être dupe,
> On finit par être fripon.

C'est tout le contraire à ce jeu du journalisme : on commence par tromper les autres, on finit par être dupe soi-même de ses propres discours. De Tartufe, on arrive à Prudhomme.

Je ne connais que deux moyens de ne jamais tomber en Prudhomme : le premier, c'est d'avoir ou un peu de génie ou beaucoup d'esprit. Mais ce moyen est coûteux ; il n'est pas à la portée de tout le monde. Je m'en tiens au second, qui est plus facile à pratiquer et que je recommande à tous mes lecteurs : c'est de ne jamais dire une chose qu'on n'ait point pensée par soi-même. L'idée que vous vous êtes donné la peine de tirer de votre propre fonds, fût-ce l'idée la plus simple et la plus banale, prendra naturellement le tour particulier de votre esprit et se sauvera du lieu-commun bête. Mais le jour où, sans y faire attention, vous répéterez la phrase d'un autre, cet autre fût-il le plus beau génie du monde, gare à vous, mon ami ! vous entrez, pour un instant au moins, dans le grand parti des Prudhommes.

XXII

RAISONNABLE — RATIONNEL — RATIONALISTE.

Il y avait, dans l'heureux pays des Gangarides, un bon vieillard qui avait mérité, par la sagesse de sa vie tout entière, qu'on l'appelât *le Philosophe*. Il vivait paisiblement, avec ses enfants et sa femme, du produit d'un petit coin de terre qu'il cultivait de ses propres mains. Il n'était pas riche, et n'avait jamais désiré l'être, disant qu'il n'y a rien par quoi l'homme se laisse plus aisément corrompre que la trop grande fortune, si ce n'est l'extrême pauvreté. Il avait même fait sur ce sujet quelques vers qui sont restés célèbres chez les Gangarides. Quand Horace chantait la *médiocrité d'or*, il ne se doutait guère que deux mille ans avant lui un honnête homme, qui n'était point poëte, avait trouvé dans son cœur cette belle expression.

Le Philosophe aimait à recevoir ses amis, et sa maison était l'une des plus agréables de la vallée. Quelques hommes, vertueux comme lui, s'y réunissaient tous les soirs : ils prenaient le thé au frais, sous un platane qui s'élevait au milieu du jardin, et ils contemplaient la nuit, qui est d'une singulière transparence dans ces contrées bénies du ciel. Leur conversation était noble comme leur âme : ce n'était point ce vain bruit de paroles dont se repaît la curiosité maligne des hommes de l'Occident; ils causaient entre eux de la justice, de la vertu, des merveilles de la science ou de l'art, et des moyens de rendre leurs semblables plus heureux en les faisant plus instruits et plus sages.

— Les préjugés, disait quelquefois le Philosophe, font plus pour notre malheur que ces passions qu'on accuse de tous nos maux. L'âge, qui diminue sans cesse les passions, fortifie les préjugés et les rend indestructibles. Le plus grand service qu'on puisse rendre aux hommes est de leur apprendre à se servir de leur raison, et à ne tenir pour vrai que ce qu'ils savent assurément l'être.

Ces maximes, qui sont chez nous si méconnues et presque persécutées, semblaient toutes naturelles à ces vieillards nourris de l'antique sagesse des Gangarides. Chacun se plaisait à en montrer la justesse et à les appuyer d'exemples. Il n'y avait guère parmi eux qu'un vieux derviche qui réclamât discrètement quand il était là.

Ce derviche était un bonhomme qui, depuis cinquante

ans, habitait une grotte naturelle creusée au flanc de la colline. Il passait la meilleure part de sa vie en prières, et croyait de tout son cœur aux métamorphoses de Vishnou. Mais il n'était point fanatique; il aimait la conversation des honnêtes gens et ne se fâchait pas qu'on y exprimât d'autres opinions que les siennes : il prenait la peine de les discuter poliment, quoiqu'il les crût fausses; il témoignait toujours une très-vive estime pour son voisin le Philosophe, en dépit du surnom qu'on lui avait donné, et n'éprouvait qu'une compassion tendre pour ce qu'il croyait être des erreurs. C'était enfin un de ces derviches tolérants, comme on en trouve encore quelques-uns au pays des Gangarides.

— Mais, disait-il, il faut bien admettre qu'il y a des vérités qui passent la raison humaine.

— Et pourquoi? lui répondait-on. Nous ne pouvons savoir qu'elles sont vérités que si elles ont été reconnues et approuvées par notre raison. Comment la passeraient-elles, quand elles lui sont soumises?

— Mais, reprenait le bonhomme, il n'y a pas de société humaine qui puisse subsister longtemps sans morale; et où trouver un fondement à la morale, si l'on ne croit pas aux métamorphoses de Vishnou, qui sont si fort au-dessus de notre pauvre raison?

— Nous respectons, comme il convient, les métamorphoses de Vishnou, mais elles n'ont rien à voir en cette affaire. Un homme bien pénétré de cette idée, qu'il ne doit jamais se permettre une action qui puisse nuire, soit à lui-même, soit à autrui, n'a pas besoin d'autre croyance pour être vertueux. Il trouvera dans son intérêt bien entendu les meilleures et les plus fortes raisons d'agir conformément à ce que vous nommez la loi morale.

Vous pensez si la conversation s'arrêtait en si beau chemin. Il y a de quoi beaucoup parler sur des sujets pareils; et plus d'une fois le soleil colora l'horizon de ses premiers feux avant qu'ils eussent songé à se séparer. Le derviche se prosternait, adorant à haute voix Brahma, qui a créé le soleil pour éclairer les Gangarides ; et les autres vieillards, ravis en admiration, contemplaient ce spectacle magnifique et charmant, qui rassérène les pensées des hommes en rafraîchissant leurs yeux.

Ce bon vieux derviche vint à mourir; mais sa grotte ne resta pas longtemps vide. Il s'y établit un jeune homme d'un extérieur fervent, qui s'en allait toujours les mains jointes et les yeux baissés. Cela ne plut point au Philosophe ni à ses amis. Ils ne lui en témoignèrent rien pourtant, et l'invitèrent à leurs entretiens du soir. Il y vint une seule fois, il en corrompit la douceur et la joie; tout le monde éprouva une sorte de soulagement quand il fut parti, et l'on souhaita qu'il ne lui prît jamais envie de revenir.

Cette visite devait avoir des suites que ne prévit point le Philosophe, parce que, n'ayant jamais voyagé dans les contrées de l'Occident, il ne connaissait pas encore à fond la bêtise et la méchanceté des hommes. Il remarqua, non sans quelque étonnement, que les habitants de la vallée avaient changé de manière à son égard. Quand il les rencontrait et qu'il leur adressait la parole, on semblait le regarder avec défiance et lui répondre d'un air contraint. Quelques-uns même faisaient mine de l'éviter, et s'éloignaient en murmurant un mot qu'il n'entendait pas, mais qui lui paraissait être une injure. Ses réunions mêmes étaient devenues, sans qu'il en pût pénétrer la cause, moins nombreuses et moins cordiales. Quelques jeunes hommes, qui tenaient jadis à honneur d'y prendre part, s'en étaient retirés les premiers; d'autres avaient suivi : il lui arriva même un soir de rester absolument seul. C'était la première fois depuis vingt-cinq ans.

Sa vieille servante vint le trouver, et lui dit les larmes aux yeux :

— Je suis bien fâchée de vous quitter, monsieur, après que j'ai mangé si longtemps votre pain; mais je ne puis plus demeurer chez vous; j'y perdrais mon âme.

— Et pourquoi cela? demanda le Philosophe très-surpris.

La bonne femme tortilla longtemps, sans rien dire, le bout de son écharpe; on voyait qu'elle avait le cœur bien gros, et n'osait parler. Enfin elle laissa échapper, à travers des sanglots et des larmes, le secret qui paraissait l'étouffer.

— C'est que tout le monde dit, monsieur, que vous êtes un *rationaliste*.

— Et sais-tu ce que c'est qu'un *rationaliste*?

— Non, monsieur ; mais ça doit être quelque chose de bien terrible, car personne n'a pu me le dire.

Le Philosophe haussa les épaules. Il savait qu'on mène les ignorants avec des mots, et que les bonnes raisons sont aussi impuissantes contre ces sortes d'erreurs que les coups d'épée contre un fantôme. Il n'essaya pas même de détromper la bonne vieille :

— Eh ! mon Dieu, oui, lui dit-il simplement, je suis rationaliste.

Elle laissa tomber ses bras, comme une personne à qui l'on porte le dernier coup ; puis, se jetant avec larmes sur la main de son maître :

— Ça m'est égal, s'écria-t-elle avec transport, je reste.

— Brave fille ! pensa le Philosophe, elle m'aime comme un chien ; mais les chiens, avec leur instinct, valent mieux que les hommes qui rompent volontairement avec la raison, et se mettent sous le joug des préjugés.

A partir de ce jour, le Philosophe s'aperçut qu'il croissait beaucoup de pierres dans son jardin, et que la plupart de ses arbres tournaient mal. Il en était fâché pour ses arbres, mais plus encore pour ses compatriotes.

— Hélas ! s'écriait-il douloureusement, peut-il bien se faire que les Gangarides en soient venus à ce point de déraison !

Il vit un beau matin se diriger vers sa demeure une grande foule d'hommes et de femmes qui portaient tous des fagots sur leur tête. Les fagots, de loin, lui parurent être d'un bois extrêmement sec, et il s'esquiva par une porte de derrière. Cela était sans doute peu philosophique ; mais qu'eussiez-vous fait à sa place ?

La maison était cernée de toutes parts : on le ramena pieds et poings liés ; on lui assura que Brahma avait toujours eu pour agréable de voir cuire à petit feu les rationalistes, et qu'il ne serait certainement pas assez malappris pour lui refuser ce petit plaisir. Le Philosophe contesta poliment que Brahma se fût jamais expliqué à cet égard ; il prétendit qu'avant de cuire un homme comme *rationaliste*, il serait peut-être bon de savoir s'il l'était réellement, et ce qu'on entendait au juste par rationaliste.

Son discours fit impression sur la foule. Quatre honnêtes Gangarides s'en furent demander au derviche le vrai sens de ce mot terrible. Ils le trouvèrent à genoux, qui priait pour l'âme du Philosophe.

— Un rationaliste, répondit-il avec un air de conviction farouche, est celui qui pratique le rationalisme. Le rationalisme mène au déisme, qui mène au panthéisme, qui mène à l'athéisme. Tout philosophe est un rationaliste ; tout rationaliste est un athée ; les athées doivent être jetés au feu comme un figuier stérile.

— Oui, oui, s'écrièrent-ils tous ensemble, il faut brûler les athées : brûlons ! brûlons !

Il se trouvait dans cette foule un pauvre diable à qui le Philosophe avait souvent donné du pain et des dattes. Il lui déplaisait de croire qu'un homme aussi bienfaisant fût athée et rôti. Il s'avisa d'un stratagème.

— Messieurs, cria-t-il d'une voix forte, il faut brûler ceux qui ne croient point en Brahma, cela est juste. Mais voulez-vous savoir si vous ne faites pas erreur en brûlant le Philosophe? Voilà un gros nuage qui s'avance, envoyé par Brahma. S'il verse son eau sur notre bûcher pour l'éteindre, c'est que nous aurions tort de l'allumer. S'il passe sans laisser tomber de pluie, je suis de votre avis : brûlons.

Ce raisonnement parut des plus sensés à tout le monde. On résolut d'attendre. Jamais terre dévorée par le soleil ne souhaita la pluie avec plus de passion que le malheureux Philosophe. Elle vint enfin, et calma les têtes exaltées. On lui délia les mains, et on consentit à l'écouter.

Il parla d'un si grand sens et avec une éloquence si persuasive sur la tolérance et la fraternité, que l'assemblée s'écria tout d'une voix, avec transport :

— C'est le derviche qu'il faut brûler, brûlons le derviche!

Le Philosophe leur représenta doucement qu'il ne fallait brûler personne, pas même les derviches; que cela serait peut-être rationnel, mais n'était point raisonnable; il glissa quelques mots sur le danger qu'il y avait à se servir de termes que l'on n'entendait point; il leur expliqua que *rationaliste* venait d'un vieux mot sanscrit, et ne voulait pas dire autre chose que « homme qui se sert de sa raison, » et qu'il n'y avait personne qui ne dût se sentir fort humilié de n'être pas *rationaliste*. Il les exhorta à faire un bon usage de leur raison, et ne point écouter ceux qui, leur conseillant de s'en défier, les ravalaient ainsi au rang des bêtes.

— Ils sont plus malheureux encore que coupables, s'écria-t-il en terminant : sachons compatir à leur aveuglement, fût-il volontaire.

Ce discours fit une impression si vive sur tous les Gangarides que ce ne fut guère que six mois après que le Philosophe fut brûlé avec sa femme, ses enfants et la vieille servante. Mais ce fut une bien belle cérémonie.

XXIII

RÉCLAME — PUFF ET PUFFISTE (ANNONCES)

En 1660, quand les comédiens du théâtre de Molière avaient fini de jouer la pièce qui terminait le spectacle, l'un d'eux s'avançait à la rampe, et disait aux spectateurs, après les avoir salués : « Messieurs, nous aurons l'honneur de représenter devant vous ***, tragédie en cinq actes et en vers, de M. ***. »

Voilà l'annonce dans sa naïveté primitive. D'affiches, peu ou point. Peut-être en passant devant les murs du théâtre aurait-on pu lire le spectacle du jour sur un papier écrit à la main. Mais c'était tout. Ceux qui avaient entendu faire l'annonce la répétaient à leurs amis et connaissances, et les comédiens n'en voulaient pas davantage.

Pourquoi eussent-ils fait plus? Ils n'avaient d'autre concurrence à craindre que celle de l'hôtel de Bourgogne, et le public auquel ils s'adressaient était fort restreint. Les marchands ne se donnaient pas plus de mal pour achalander leurs boutiques. Ils mettaient une enseigne au-dessus de la porte, et cela suffisait. Leur maison était connue de tout le quartier ; ils ne craignaient guère qu'il vînt s'établir en face d'eux une maison rivale. La façon dont les corporations étaient constituées limitait nécessairement la concurrence ; chacun avait, dans son métier, un certain nombre de pratiques qui lui revenaient en quelque sorte de droit ; il s'en contentait et ne sentait pas le besoin de battre la caisse autour de ses produits pour en vanter l'excellence et attirer les chalands.

On *annonçait* donc tout simplement à ses voisins et à ses amis le métier qu'on faisait, et on les priait d'en parler à leurs connaissances. C'était une nouvelle qu'on leur donnait, et le mot *annonce* était parfaitement choisi pour signifier la chose qu'il exprimait. Il suffisait à cet âge d'or, et nos pères n'eussent jamais songé à en chercher un autre. Ils savaient bien qu'il y avait des charlatans qui ameutaient la foule, et vendaient, au bruit des trompettes, de l'eau de Seine un louis la bouteille ; mais ils n'avaient point de terme honnête pour exprimer ces manœuvres.

Celui de *réclame* est si récent qu'on ne le trouve point encore dans le dictionnaire de l'Académie au sens où nous le prenons aujourd'hui. C'est pourtant un mot fort bien fait; il signifie au propre : *cri répété*. La réclame n'est pas autre chose. La révolution de 89, en donnant à tous les métiers et à tous les commerces la liberté du travail, fit naître la concurrence, et elle élargit en même temps le cercle du public auquel on dut s'adresser. Il fallut crier pour se faire entendre; crier fort et souvent; crier partout et toujours.

On se souvient que ce fut l'illustre Birotteau qui créa la réclame, ou plutôt qui sut le premier en faire usage. Il fit la fortune de l'*Eau des sultanes*, qui le lui rendit bien. Mais ce n'étaient là que des essais timides. Le grand César Birotteau a été bien dépassé depuis par les Charles Albert de la publicité; et les Charles Albert auront eux-mêmes des successeurs qui iront plus loin encore.

C'est comme à l'Opéra, à mesure que l'orchestre joue plus fort, les chanteurs sont forcés de crier plus haut pour dominer l'orage des trombones. Dans cet effroyable concert de voix qui se disputent l'attention distraite de la foule, on ne peut l'attirer à soi et la garder que par de violents coups de tam-tam, répétés à chaque instant. Il faut crier et recrier, et c'est là justement la *réclame*.

Un de mes amis, nous vantant l'excellence de la réclame, nous contait un discours qu'il entendit à Molinchart, à l'une des séances de la Société de Saint-Vincent de Paul. L'orateur, qui avait sans doute beaucoup pratiqué la réclame lui-même et en connaissait l'efficacité, avait fait une proposition qui pourra paraître singulière à bien des lecteurs, mais qui montrera ce qu'on peut faire de la réclame quand on la sait manier.

Après avoir tracé un tableau fort touchant du piteux état de l'Église catholique :

« Eh bien! ajoutait-il, je crois, messieurs, avoir trouvé, moi chétif, par l'inspiration de Dieu et de son divin Fils, un moyen sûr, facile, économique, de sauver notre saint Père le pape, qui ne laisse pas que de courir en ce moment quelque risque. J'ai pensé qu'il était de mon devoir de vous le soumettre et de n'en pas priver le monde catholique qui m'écoute.

On ne peut guère avoir déployé une seule fois un journal en sa vie sans y avoir lu, vers le milieu de la troisième page, cette ligne qui se détache entre deux tirets du reste de la composition :

Le meilleur chocolat est le chocolat Perron.

J'ose dire que l'industriel qui a trouvé cette phrase est un grand homme. Ses confrères se lancent dans des phrases de réclame qui n'en finissent point ; ils parlent de cacao des îles, de sucre des colonies, de mécaniques à la vapeur ; ils entrent dans toutes sortes d'explications qui sont discutables, et qui promènent l'esprit du lecteur loin de la seule chose qu'ils veulent lui apprendre : le nom de leur établissement. M. Perron ne s'embarrasse point de tous ces détails inutiles ; il tranche d'un seul mot qui n'admet pas de réplique : le meilleur chocolat est le chocolat Perron.

Que voulez-vous répondre à cela? Trouvez-moi, s'il vous plaît, un point par où pénétrer dans cette phrase si compacte et si ferme? Elle s'impose par sa forme brève, qui est celle de la conviction et du commandement. C'est un axiome : s'avisa-t-on jamais de discuter des axiomes ?

Et remarquez même que M. Perron ne donne point son adresse à la suite de sa phrase. Ceci, messieurs, est un trait de génie. Un nom de rue, un numéro, ce sont des choses transitoires qui ôteraient au chocolat Perron ce qu'il a d'éternel et d'immuable. Quand vous lisez ces simples mots : le meilleur chocolat est le chocolat Perron, c'est comme si l'on vous disait qu'il n'y a qu'un Perron au monde, le grand, l'illustre, l'incomparable Perron, le Perron du chocolat Perron. Vous rougissez en vous même de ne pas savoir où il demeure; vous avez des remords en prenant le matin votre chocolat, qui n'est pas le meilleur chocolat.

Songez encore que cette phrase revient tous les jours, à la même place, dans tous les journaux qui se publient en France. Allez au fond de la Bretagne, entrez dans le plus misérable cabaret du plus honteux petit trou, demandez-y la *Voix de Lesneven* ou l'*Echo du Huelgoat*, tournez la quatrième page ; les derniers mots que vous apercevrez, ceux qui précèdent la signature du gérant et qui ferment le journal, ceux sur lesquels vous vous endormirez, dont vous rêverez peut-être, ce sont les mots sacramentels : « *Le meilleur chocolat est le chocolat Perron.* » Et avez-vous réfléchi à l'énorme puissance d'une même phrase qui vient sans cesse frapper le cerveau à coups réguliers? elle s'y enfonce peu à peu; elle y pénètre si profondément qu'il devient impossible de l'en arracher.

C'est la goutte d'eau qui creuse les roches les plus dures. Répétez tous les jours d'un sot avéré qu'il est un homme d'esprit, il ne faudra pas bien longtemps pour que le public dise à son tour : C'est un homme d'esprit. Les meilleures raisons du monde ne peuvent rien contre une phrase toute faite. Il faut, pour comprendre de bonnes raisons, avoir de l'intelligence et se donner du mal. La foule est imbécile et paresseuse et se compose presque tout entière de moutons de Panurge. Je suppose qu'aujourd'hui l'Académie des sciences analyse le chocolat de M. Perron et démontre clair comme le jour qu'il est fait avec de la farine et de la mélasse : « — Voilà qui est bel et bien, dira la foule, mais il n'en est pas moins vrai que le meilleur chocolat est le chocolat Perron.

Ce long début vous étonne, et vous croyez que j'ai oublié le saint Père et la question. J'y suis en plein, au contraire, et elle est plus d'à moitié résolue si vous m'avez écouté avec attention.

Vous avez souvent remarqué, et avec une profonde douleur, comme nos avocats s'y prennent mal pour défendre la cause du pape. Ils seront toujours battus sur terrain qu'ils acceptent. On leur oppose des faits; ils raisonnent là-dessus en disant des injures. Il est clair que leurs raisonnements seront toujours trop faibles et leurs injures trop fortes. Ni les uns ni les autres ne persuaderont jamais personne. Leur grand tort, c'est de discuter; quand on discute, chacun donne ses arguments, et les meilleurs finissent par l'emporter à la longue, et le pape ne s'en trouve pas mieux; il faudrait, pour le raffermir dans l'opinion des peuples, avoir une phrase toute faite, du haut de laquelle on pût foudroyer tranquillement toutes les bonnes raisons des adversaires. Je ne sais si de moi-même j'aurais trouvé cette phrase péremptoire; mais j'avoue modestement que je la dois à M. Perron, et je la livre, messieurs, à vos méditations; la voilà :

Le meilleur gouvernement est le gouvernement du pape.

Cela est bien simple, mais cela dit tout. Il ne s'agit plus que de le répéter tous les jours, dans tous les journaux de l'univers, sans en excepter un seul, sans y manquer une seule fois.

Je vois tout de suite l'objection et je cours au-devant. « Les réclames coûtent fort cher, allez-vous me dire, et il faudra beaucoup d'argent. » Veuillez faire attention, messieurs, qu'il s'agit ici de l'intérêt le plus grand, le plus sacré, à la fois religieux et social. Vous sentez bien que si le plus ferme représentant du droit divin sur la terre était à tout jamais renversé, le droit lui-même périrait, et les rois seraient dans un terrible embarras.

Or calculez un peu ce que la mauvaise réputation du gouvernement pontifical coûte à l'Europe de soldats armés et de nuits sans sommeil. Comptez de plus ce que mangent de souscriptions les volontaires qu'entretient M. de Mérode, et qui deviendraient en grande partie inutiles si les Romains étaient enchantés des cardinaux qui les gouvernent. Ajoutez ce que perd la religion à cette idée vraiment déplorable que le vice-Dieu est le pire de tous les administrateurs ; pesez toutes ces considérations et bien d'autres encore qu'il serait trop long de dire, et vous verrez, messieurs, qu'en faisant le sacrifice que je vous demande vous y gagnerez encore : ce sera de l'économie bien entendue.

La dépense sera moins grande que vous ne l'imaginez à première vue. Nous pouvons compter d'abord que les journaux de notre opinion ne nous coûteront rien. Je sais qu'ils ont peu d'abonnés et peu d'influence, mais leurs réclames ne s'en payent pas moins, et vous n'aurez pas à les payer. Il y a à Paris une centaine d'autres feuilles ; mettons-en six par département. C'est un total de sept à huit cents journaux. Prenons-en mille pour avoir un compte rond. La ligne ne doit coûter que quinze centimes à peine, en moyenne.

C'est donc une affaire de soixante à quatre-vingt mille francs. Je crois même pouvoir assurer que M. Perron dépense moins pour son chocolat. Qu'est-ce que cela, grand Dieu ! quand il y va de l'intérêt de Dieu même et du droit des souverains légitimes! Si vous vous en tirez avec quatre-vingt mille francs en France, il est probable qu'un million vous suffira pour le reste de l'univers. Portons la somme à un million cinq cent mille francs pour faire largement les choses.

Ce n'est pas un petit denier sans doute, et je serais, pour ma part, fort en peine de le fournir. Mais les millions sont peu de chose pour notre parti, qui possède d'inépuisables mines d'or dans la poche des fidèles. Si pourtant vous craignez d'avoir épuisé leur générosité, si vous ne voulez pas les saigner à blanc, vous pourrez faire face à toutes les dépenses par un simple virement de fonds que je me permets de vous indiquer.

Vous saurez que je donne, sous le nom de ma petite fille — une bien jolie enfant, je vous jure, — un sou par semaine pour racheter de petits Chinois que leurs mères jettent méchamment aux cochons ou à l'eau. Je n'ai jamais demandé à voir les petits Chinois qui me doivent la vie : je suis discret. Ma fille m'assure qu'ils prient pour moi là-bas; cela me suffit. Il est doux d'être un bienfaiteur, surtout quand il en coûte si peu de chose. Je pense qu'il y a en Europe un nombre infini de gens qui se passent à peu de frais cette petite douceur. Ils sont aussi généreux et aussi réservés que moi : ils donnent leur sou et n'en parlent plus; ils le passent au compte profits et pertes.

Ces petits sous ne sont pas évidemment perdus pour tout le monde. Ils vont s'accumulant toujours, et vous n'ignorez pas sans doute, vous qui lisez les comptes rendus des feuilles pieuses, qu'ils finissent par former des sommes assez rondes et monter jusqu'au million.

Voilà des millions qui n'ont plus guère d'emploi, ce me semble. Car, enfin, le moment est assez mal choisi pour racheter de petits Chinois. Les Chinois vont, selon toute apparence, faire une foule de petits Français orphelins; peut-être serait-il par trop magnanime de nous en aller nourrir les petits orphelins chinois. Je n'en continuerai pas moins de donner mon sou, et mon curé, de le recevoir. C'est une habitude prise; c'est donc là de l'argent trouvé.

Il resterait inutile dans vos coffres, qui sont déjà très-encombrés. Il vous gênerait sûrement. Croyez-moi, donnons-le au pape qui en a bon besoin. Je ne veux pas dire: Mettons-le-lui dans la main. Il n'en ferait peut-être pas l'usage qui serait le plus utile à sa cause. Il le consacrerait tout entier à déguiser des Irlandais en soldats et à les renvoyer chez eux après leur avoir payé à boire. Il ne sait pas tout ce qu'on peut tirer de la presse pour la défense du trône et de l'autel. Comme il voit que lorsqu'un article paraît dans son journal personne n'en croit le premier mot, il s'imagine que les choses vont partout de même ailleurs.

Prouvez-lui que la presse peut autant pour le bien que pour le mal. Allez-vous-en, une bourse à la main, dans tous les cabinets d'annonces de toutes les feuilles publiques des cinq parties du monde ; prenez un abonnement de trois, six, neuf, pour cette simple phrase que vous ferez écrire en lettres majuscules, juste au-dessous du chocolat Perron :

Le meilleur gouvernement est le gouvernement du pape.

Il est impossible qu'au bout de quelques mois il ne se fasse point dans l'opinion du monde un changement sensible. Voyez ce que vous enlèverez d'autorité aux déclamations de ces misérables folliculaires. Ils raisonneront de leur mieux tout le long de la première page; ils citeront des faits, ils les discuteront; ils auront de la logique, de la passion, du style : autant de bien perdu. Le lecteur ne s'y arrêtera pas. Il a payé sa feuille quinze centimes ; il la lit jusqu'au bout; il arrive à la phrase fatale qui flamboie dans la dernière ligne :

« Le meilleur gouvernement est le gouvernement du pape. »

Il demeure sur cette impression qui est la plus forte; tout le reste est oublié. On a besoin de faire effort pour retenir un raisonnement, pour l'appliquer à propos, pour le modifier selon les circonstances et le cas. Mais un axiome, cela se grave de soi-même et s'incruste au fond de la mémoire. On l'y trouve comme une réplique toujours prête à toutes les objections, comme une réplique qui ne souffre point d'objection elle-même.

On réfute un raisonnement, on discute un fait, on a au moins contre lui pour dernière ressource, la réponse des écoliers pris en faute : « C'est pas vrai. » Mais que répondre à un homme qui dit posément, magistralement, d'un ton doctoral, et qui emporte la preuve :

« Le meilleur chocolat est le chocolat Perron. — Le meilleur gouvernement est le gouvernement du pape. »

C'est un coup de massue ; vous êtes écrasé. Il ne vous reste plus qu'à baisser la tête. Vous avez tout le monde contre vous, car tout le monde a lu et entendu mille fois la même phrase ; c'est une vérité reçue, consacrée. Elle a en quelque sorte passé dans le sang. Vous avez beau, messieurs les mécréants, vous démener, crier, ratiociner; la terrible phrase sifflera pour toute réponse à vos oreilles, et vous serez perdu.

En toute occasion, chers collègues, vous aurez dans ce simple mot un *labarum* qui vous donnera la victoire : *Hoc signo vincetis.* Vous êtes dans un salon. Un monsieur mal pensant demande comment il se fait que le pape jette si aisément ses sujets en prison, et ait ordonné l'exécution de Locatelli sans preuve suffisante, quoiqu'il fût recommandé à sa clémence : « Tout cela sans doute est fort extraordinaire, répondra la compagnie. Mais qu'importe ? Le meilleur gouvernement est le gouvernement du pape.

» — Eh quoi ! s'écrie-t-on près de vous, il y a encore au xix° siècle des monstres qui arrachent des enfants à leur mère, et les confisquent au baptême, au mépris des lois les plus sacrées ; ces mêmes hommes conseillent à une femme à quitter son mari, et forcent ce malheureux à payer son déshonneur, et ils s'autorisent du nom de Dieu pour commettre ces horreurs! — Tout cela est fort bon, répond une honnête personne. Mais ni vous, monsieur, ni moi, ni le *Siècle*, nous n'empêcherons que le meilleur gouvernement soit le gouvernement du pape. »

Vous vous trouvez dans un bal avec un officier qui revient d'Italie; vous lui demandez des nouvelles de Rome. Il vous répond que les affaires se gâtent; que le peuple frémit sourdement; que si l'armée française sortait de Rome pour un quart d'heure, le représentant de Dieu n'aurait plus qu'à faire sa malle. Une dame fort décolletée prend aussitôt la parole:

« Ce que vous dites là m'étonne beaucoup: car le meilleur gouvernement est le gouvernement du pape. Cela est pour le moins aussi certain qu'il est vrai que le meilleur chocolat est le chocolat Perron. »

Un orateur anglais monte à la tribune dans un meeting. Il déclare et prouve qu'il est impossible de laisser subsister, au cœur de l'Italie, un État qui est un foyer toujours allumé, d'où l'incendie peut à chaque instant se répandre sur l'Europe: — « By God! s'écrie un Irlandais en déployant le *Times;* the best government is that of the pape. »

Cette phrase finit par se mêler à toutes les conversations. Quoi qu'on dise, elle revient sans cesse à l'esprit, ou plutôt elle y est toujours présente. Si l'on parle des massacres de Syrie ou de la faiblesse du sultan, on pense tout de suite au gouvernement du pape, qui est le meilleur des gouvernements. Si l'on plaint un père de famille qui administre sa maison d'une main ferme, et que néanmoins ses enfants n'aiment guère : « C'est, dit-on, comme ce bon pape, qui a un si bon gouvernement. »

Le pape et tous les rois légitimes reprennent ainsi, en peu de temps, dans l'univers entier, le prestige dont ils étaient environnés jadis. Ils n'ont plus qu'à licencier leurs soldats, et Garibaldi, que des armées n'ont pu vaincre, tombe sous une phrase ! — C'était un héros hier; cette phrase en a fait un aventurier. Les peuples le chassent, et le souverain pontife, raffermi sur son trône, écoute un concert de louanges qui s'élève du fond de toutes les imprimeries en l'honneur de son gouvernement.

O jour trois fois béni, jour heureux entre tous les jours, et qui sera une éclatante revanche de la tour de Babel ! O jour qui ne peut manquer de répandre une sainte allégresse sur le grand troupeau des cœurs fidèles ! jour de lumière, de joie et de béatitude ! Jour que mes yeux brûlent de voir, et après lequel ils ne souhaitent plus rien !

Oh ! oui, ce sera un jour vraiment divin, quand de toutes les parties de la terre, de toutes les bouches ensemble, des plus incrédules aussi bien que des plus pieux, des démons et des anges, sans fin ni cesse, matin et soir, s'élancera cet hosanna triomphant et sublime !

Et ici l'orateur, emporté par son discours, leva les bras au ciel et s'écria d'une voix forte :

« Le meilleur chocolat est le chocolat du pape. »

Toute l'assemblée tressaillit; l'orateur, évidemment troublé, reprit avec précipitation :

« Ah! pardon! messieurs, je voulais dire : Le meilleur gouvernement est le gouvernement Perron. »

Le malheureux s'arrêta tout décontenancé. Mais l'assemblée, voyant sa confusion, le voulut tirer de là et s'écria en chœur :

« Le meilleur gouvernement est le gouvernement du pape. »

Réclame a un superlatif qui s'est introduit depuis une vingtaine d'années dans la langue parisienne. C'est le mot *Puff*, que nous ont donné nos bons amis les Anglais. Le *puff* emporte avec lui une idée de mensonge qui n'est pas dans la réclame. La réclame peut et doit être honnête; il est bien rare que le puff le soit jamais. La réclame crie la vérité, en l'ornant un peu. Le puff lance effrontément le mensonge, et le lance à pleins poumons. C'est un gigantesque *boniment* soutenu des mille trompettes de la publicité. Le faiseur de réclames n'a pas de nom particulier : pourquoi lui en eût-on donné un? Tout homme peut, à un moment donné, avoir besoin de la réclame et en faire. Ce n'est pas par état; c'est par accident. Le faiseur de puff, ayant un métier, a aussi un nom : c'est le *puffiste*. On dit encore, en prenant le nom du plus célèbre puffiste des temps modernes : c'est un *Barnum*. Le *boniment* est au *puff* ce que le charlatan de foire est au puffiste. L'un trompe vingt-cinq ou trente villageois pour gagner dix francs; l'autre *enfonce* les badauds des cinq parties du monde, et devient millionnaire. Au fond ils se ressemblent, et je donnerais les deux pour peu de chose.

Réclame est un mot bien français, qui entrera tout naturellement au dictionnaire de l'Académie. Je doute que *Puff* y obtienne jamais des lettres de naturalisation. Il est plus fait pour les Anglais. Il est violent, et nos voisins d'outre-Manche ont des nerfs moins délicats que les nôtres. Il leur faut une cuisine plus épicée, des liqueurs plus violentes et des mets plus énergiques pour agir sur leur robuste et solide machine.

La réclame est souvent plaisante et joviale. Elle cherche à amuser, parce qu'elle s'adresse à des gens qui aiment à rire. Qui ne se rappelle les réclames de 1848 ! On lisait sur les murs, en lettres énormes :

PEUPLE, ON TE TROMPE!

et plus bas, en moindres caractères :

C'EST CHEZ *** QUE SE VENDENT, etc., etc.

Et cette autre, qui se produisit au moment des élections et obtint dans le temps un succès de fou rire :

CITOYENS, NOMMONS
le

CHROMO-
DURO-
PHANE
Se vend chez...

Mais le sublime du genre me paraît être celle que nous avons pu lire, il y a deux ans, à tous les coins du boulevard :

ENFIN

NOUS AVONS FAIT FAILLITE!

Nous pouvons livrer au-dessous du cours, etc.

Voilà la vraie réclame, la réclame éminemment française. Le puff a d'autres allures et un autre langage. Il n'y a qu'à lire les affiches que le célèbre Barnum répandit dans toute l'Europe pour *louer* Tom Pouce et la grand'mère de Washington. Mais je crois inutile de transcrire ces pièces, qui n'ont rien de spirituel ni de gai. Elles sentent l'Anglais à plein nez. Tenons-nous-en à la réclame.

XXIV

RÉGLEMENTATION.

Le hasard a fait tomber entre mes mains un numéro du *Moniteur de l'Aracaunie*. J'en extrais la pièce suivante, qui m'a paru curieuse. Je la donne sans commentaires, et pense qu'elle sera lue du public avec quelque plaisir. Ce sera le cas de répéter le proverbe italien : « Tout le monde, il est fait comme notre famille. »

RAPPORT

De Son Excellence le ministre de l'intérieur sur l'extinction graduelle de l'anthropophagie.

Sire,

Les peuples dont vous avez daigné vous déclarer le roi sont, depuis un temps immémorial, dans l'habitude de manger leurs ennemis, après les avoir préalablement fait cuire; et souvent même, quand la récolte d'ennemis a manqué par des circonstances météorologiques ou autres, ils mettent à la broche leurs parents les plus chers ou leurs amis les plus intimes, pour peu que le ciel leur en ait donné qui soient gras.

Le cœur de Votre Majesté s'est ému d'un usage qui privait chaque année le pays d'un certain nombre de contribuables. Elle m'a chargé d'étudier la question sous toutes ses faces et de préparer un projet de loi où les intérêts de l'humanité et ceux du trésor fussent également sauvegardés. C'est ce rapport que j'ai l'honneur d'adresser aujourd'hui à Votre Majesté.

Il est certain, sire, qu'en principe l'habitude de manger son semblable n'étant point conforme à votre éducation première, ne peut pas l'être non plus aux lois de la nature. Elle doit donc disparaître un jour. Mais Votre Majesté connaît trop bien les nécessités de la politique pour ne pas savoir qu'il y a péril à supprimer violemment même un abus. N'écoutons pas ces gens qui, ne tenant aucun compte des faits accomplis, vivent dans le monde des spéculations pures, et bouleverseraient tout un système d'institutions pour le plaisir de voir triompher leurs théories. Ces esprits remuants et chagrins ont été stigmatisés du nom d'*idéologues* par un grand homme dont je puis dire, sans flatterie, que vous avez surpassé la gloire : car vous avez, comme lui, fondé un empire, et n'avez pris la place de personne.

Ces utopistes font table rase des croyances les plus respectables, des habitudes les plus enracinées. Ils ne craignent pas, en portant la main sur ce qu'ils appellent un préjugé, d'ébranler l'État tout entier, et de le précipiter dans les abîmes d'une révolution générale. Les vrais hommes d'État ne se laissent point séduire à de vaines chimères ; ils savent que tout changement doit se faire par degrés et sans secousse ; ils suivent cette maxime d'un dentiste illustre, que nous avons lue bien souvent à la quatrième page des journaux de votre patrie : GUÉRISSEZ, N'ARRACHEZ PAS !

L'anthropophagie est une institution mauvaise ; nous devons donc la garder, en la réglementant : c'est ainsi qu'agissent ces peuples occidentaux qui portent le flambeau de la civilisation.

En Europe, sire, il suffit qu'un abus soit bien avéré pour qu'on le respecte. On le réglemente quelquefois, on ne le détruit jamais. On y soutient le pouvoir du pape, en déclarant que c'est le pire qui soit au monde.

On y sait fort bien que de toutes les justices, il n'y en a guère de moins bonne que la justice administrative, et on l'y conserve précieusement. On y garderait la peste, en la tracassant un peu par quelques règlements bien faits.

Quand une coutume date de plusieurs siècles, il y a toujours bien des inconvénients à la changer d'une façon trop brusque. Le pire de tous, c'est d'ouvrir la porte à l'esprit de révolution. Défions-nous des révolutionnaires, qui sont tous des anarchistes. Ces gens-là affectent de plaindre beaucoup ceux qui ont eu l'honneur de paraître sur la table de leurs compatriotes. Ces bruyantes démonstrations de pitié sentent la démagogie. Jamais je n'ai entendu dire que les hommes qu'on avait mangés fussent venus se plaindre de leur sort : on prend donc leurs intérêts plus qu'ils ne les prennent eux-mêmes. J'ai vu souvent, au contraire, ceux qui les mangeaient témoigner une vive satisfaction. Faut-il mécontenter des milliers d'honorables dîneurs, pour quelques mangés qui ne s'en soucient pas, et dont quelques-uns peut-être avaient les biftecks fort durs ?

Non, sire, il ne peut jamais être bon de rompre d'un seul coup avec des habitudes séculaires, et nous ne devons pas répudier en un jour un long passé qui ne fut pas sans gloire. Oserai-je rappeler à Votre Majesté qu'un de ses prédécesseurs, qui n'a pas l'honneur d'être un de ses aïeux, fut loué par tous les poëtes d'Araucanie pour avoir dit que sous son règne il ne devait pas y avoir un guerrier qui ne pût mettre l'homme au pot tous les dimanches.

Ce vœu d'un prince philanthrope n'a pu être exaucé que plus tard; l'aisance s'est accrue par degrés dans l'Araucanie : les classes laborieuses, si longtemps deshéritées des jouissances que se réservaient les hautes couches sociales, ont enfin pu, grâce aux progrès incessants de la civilisation, manger de l'homme tous les jours et réparer leurs forces par une nourriture substantielle. L'homme est aujourd'hui l'une des plus larges sources de l'alimentation publique. Nous devons craindre de la tarir brusquement, surtout dans une année calamiteuse où la Providence a frappé nos champs de stérilité, en ne les drainant pas elle-même.

Ces raisons de haute politique n'ont point échappé à l'esprit si judicieux de Votre Majesté. Elle nous a donc chargé, non de détruire, ce qui serait une folle et dangereuse entreprise, mais de restreindre l'anthropophagie et de la réglementer. Il se présentait ici deux questions également graves à examiner :

1° Dans quelle mesure et pour combien de temps doit-on limiter en Araucanie la consommation de l'homme?

2° Quel moyen y aurait-il de manger un homme sans lui faire de mal, et même, si la chose est possible, en lui causant une légère sensation de plaisir?

J'ai nommé, pour étudier et résoudre ces questions, une commission consultative, composée des plus illustres savants de vos académies. Elle a travaillé avec un zèle infatigable, sous la présidence du brave général Moh-rin, et s'est livrée, durant quatre-vingt-deux séances, aux expériences les plus curieuses de dégustation. Votre Majesté pourra les voir consignées dans un volumineux Mémoire que j'ai mis sous les yeux du conseil d'État, et qui a servi de base à nos délibérations.

Je suis heureux de dire à Votre Majesté que nous avons résolu toutes les questions qui nous étaient proposées par elle, et je suis fier de lui soumettre des mesures qui augmenteront encore la gloire de son règne incomparable.

Nous avons pensé, sire, que le meilleur moyen de maintenir vos peuples dans les bornes d'une sage et honnête anthropophagie, c'était de lui fixer des limites certaines. Il nous a paru que permettre à chaque famille de manger de l'homme une fois par semaine, c'était accorder, par un heureux tempérament, tout ce qu'on doit aux suggestions de l'humanité, sans heurter violemment des habitudes respectables.

Un règlement ultérieur, et qui entrera dans tous les détails que je dois négliger ici, prescrira ce que chaque personne, suivant son âge et son sexe, pourra consommer de viande d'homme.

Nous avons cru aussi, obéissant en cela à un sentiment dont la délicatesse vous paraîtra peut-être excessive, qu'il devait être interdit de manger son parent jusqu'au huitième degré, à moins que ce parent n'en ait fait lui-même la demande, par écrit et sur papier timbré.

Cette demande devra être transmise au sous-préfet et légalisée par lui.

Par une mesure d'hygiène, qui est en même temps une mesure d'humanité, nous avons absolument défendu qu'on abattît les hommes malades, surtout quand leur maladie pouvait être contagieuse. L'humanité, d'accord avec la prudence, commande qu'on les guérisse avant de les manger. Il y aurait dans chaque ville un ou plusieurs médecins, selon l'importance de l'endroit, chargés de veiller à la stricte exécution de ce règlement.

Nous avons pensé encore qu'il serait bon de centraliser l'abattage de l'homme dans un abattoir spécial où la surveillance des agents de l'autorité serait plus facile et plus efficace. Ce monument, qui ne coûterait que quelques millions, porterait aux générations futures un indestructible témoignage de la bonté de votre cœur et de la grandeur de votre règne. Les archives en seraient précieusement conservées par un archiviste nommé à cet effet; Votre Majesté sent assez combien elles pourraient être utiles à la statistique.

Il avait d'abord paru à quelques membres de la commission qu'il fallait réglementer le commerce de la viande d'homme, et en fixer le prix chaque semaine par un arrêté municipal. Mais on leur a fait observer que le *maximum* rappelant les plus mauvais jours des révolutions d'Occident, il ne fallait le garder que pour les objets de première nécessité, comme le pain. Ils se sont rendus à cette raison convaincante. Le commerce de la viande d'homme serait donc parfaitement libre, sous la surveillance de nos commissaires de police, gendarmes et autres magistrats, en se conformant aux prescriptions ci-dessus énoncées.

Je suis heureux de dire que sur tous ces points notre commission s'est trouvée d'accord, et que la première des questions posées par Votre Majesté a été ainsi résolue à l'unanimité des voix. Il n'en a pas été de même pour la seconde. — Je rappelle à Votre Majesté qu'il s'agissait de trouver un moyen à la fois sûr et pratique de manger un homme, sans lui faire de mal, et même en lui causant une légère sensation de plaisir.

L'un d'entre nous avait proposé d'abord de chatouiller le patient jusqu'à ce que mort s'ensuivît. Ce moyen, qui nous avait d'abord séduits par son air de simplicité, n'a pu soutenir un examen sérieux. Nous nous sommes convaincus, par de nombreuses expériences, que le chatouillement donne à la chair un mauvais goût et des propriétés très-échauffantes. Les côtelettes surtout ne sont pas agréables; le brave général Moh-rin, dont le dévouement égale la science, a été forcé lui-même d'y renoncer, après trois épreuves qui ont eu pour lui des suites bien fâcheuses qu'il n'a pu complétement nous dissimuler. Ce moyen a donc été unanimement écarté.

Ici deux opinions se sont fait jour et sont restées jusqu'à la fin en présence, partageant par moitiés égales les membres de la commission. La voix seule du président, qui est prépondérante, a pu faire pencher la balance.

J'exposerai les deux systèmes avec l'impartialité d'un président d'assises.

Les premiers ont soutenu avec beaucoup de force qu'il était inutile d'abattre les hommes pour manger de l'homme, que ce qu'on en mangeait le plus volontiers, c'étaient ces parties charnues dont il n'a que faire, pour peu qu'il aime à travailler debout; qu'on pouvait les lui couper proprement, sans lui faire de mal; qu'il y avait dans l'histoire de Candide un bel exemple d'une femme qui avait eu le plaisir de manger sa part du morceau prélevé sur sa personne, et qui ne s'en portait pas plus mal; qu'il serait bien consolant et bien doux, pour un homme, d'arroser lui-même d'un excellent vin le bifteck qu'il aurait fourni; qu'il ne pourrait jamais s'asseoir dans un fauteuil sans se rappeler son sacrifice et avoir l'imagination pleine de sa belle action; que chacun cédant à son tour une longe de son individu pour les besoins de l'alimentation publique, cette réciprocité entretiendrait une harmonie charmante dans tout le royaume, et que deux sujets de Votre Majesté ne pourraient se tourner le dos sans tomber dans les bras l'un de l'autre.

Ces raisons étaient puissantes; mais ceux qui les combattaient n'en avaient pas de moins fortes. Ils disaient qu'il n'est point vrai de prétendre qu'on ne mange de l'homme que la suite du râble; que les oreilles en particulier sont un morceau délicat et même friand, quand on les assaisonne aux fines herbes; qu'il serait indigne d'un grand roi comme vous de régner sur un peuple d'éclopés ; que Votre Majesté ne verrait sans doute que des visages satisfaits, mais qu'elle devinerait les souffrances cachées derrière, et que son cœur paternel en serait affligé ; qu'il fallait craindre enfin de se laisser prendre aux vaines lamentations d'une fausse philanthropie.

L'intérêt sacré de Votre Majesté l'a emporté dans l'esprit du président. Il a voulu lui conserver des sujets intacts, qui fussent en état de la servir dans toutes les positions, dans la magistrature assise aussi bien que dans la magistrature debout ; dont elle pût faire également, à sa fantaisie, ou des employés destinés à la vie sédentaire des bureaux, ou des soldats dressés aux exercices des camps. Il s'est donc rangé à l'avis de ceux qui voulaient qu'on abattît un homme avant de le manger.

La commission a reconnu, après de longs et consciencieux débats, qu'il était fort difficile, pour ne pas dire impossible, d'égorger un homme en lui causant une véritable sensation de plaisir, si légère qu'elle fût. C'est un désidératum de la science. Peut-être Votre Majesté devrait-elle proposer au savant qui ferait cette précieuse découverte un prix de mille écus, qui serait décerné par l'Institut. Tout ce qu'on peut faire pour les hommes de boucherie, c'est d'adoucir leurs derniers moments. Votre commission croit y être parvenue, grâce à une série de mesures dont je ne puis ici qu'indiquer les principales. Les hommes de boucherie devront être amenés à l'abattoir et soumis à un régime succulent, jusqu'à ce qu'ils soient en bon point. Cette mesure sera sans aucun doute approuvée des consommateurs tout aussi bien que des consommés, car elle est dans l'intérêt des uns et pour le plaisir des autres. Nous avons déterminé la longueur et la pesanteur de la massue et la façon dont le coup devrait être asséné. Nous avons cru qu'il serait bon, pendant la cérémonie, de lire au patient une décoction de vers doucets, pour lubréfier les parties et endormir la douleur. Peut-être même Votre Majesté jugera-t-elle convenable d'y ajouter un peu de musique. La musique lénifie les humeurs.

Notre sollicitude a suivi le patient jusqu'après sa mort. Nous avons déterminé la nature et la forme de la broche où l'on en devait mettre les morceaux; nous avons recommandé que cette broche fût pointue et parfaitement aiguisée, afin de ne point endommager les tissus et que la viande fût toujours servie saignante, parce que c'est la méthode anglaise, et que l'Angleterre est le pays de la liberté. Nous espérons que toute cette partie de notre travail sera reçue du public avec faveur, et si elle ne l'était pas, nous ne nous en inquiéterions guère : l'approbation de Votre Majesté nous a toujours suffi.

Au moment où nous allions nous séparer, une question subsidiaire a été posée par l'un des membres de la commission les plus dévoués à Votre Majesté. Il a cru que nous devions examiner à quelle sauce il convient de manger de l'homme. Nous osons dire que cette question n'a pas été plutôt soulevée qu'elle a été résolue par acclamation, dans un sens qui prouve les sentiments de respect et d'amour dont la commission est animée envers son seul et légitime souverain.

Nous nous sommes tous rappelés, sire, que Votre Majesté avait pris naissance dans ce fameux Périgord, qui est renommé dans le monde entier pour être la patrie des truffes. Ce souvenir nous a dicté notre devoir. Nous avons décidé que la première catégorie de l'homme ne pourrait jamais être mangée qu'aux truffes.

Il est vrai que l'Araucanie n'en produit point, et que, si l'on en croit les malintentionnés, il est impossible d'en faire croître où la nature n'en porte pas d'elle-même. Mais ces considérations n'étaient pas faites pour nous arrêter. Un roi peut tout ce qu'il veut. Les beaux-arts et les grands artistes naissent spontanément comme les truffes; et cependant nous voyons que les nations occidentales, par un système bien combiné d'encouragements, arrivent à les faire croître et prospérer. Il en sera de même des truffes en Araucanie. Il ne s'agit que d'y organiser une direction de truffes et quelques censeurs, qui auront pour mission de goûter d'abord les bonnes truffes, et d'empêcher que personne n'en mange.

Cet ensemble de mesures, sire, nécessitera la création d'un grand nombre d'employés. Mais c'est le nombre des fonctionnaires qui a toujours fait la force des grands rois. L'argent qu'on leur donne est l'argent le mieux placé. Soyez convaincu, sire, que ce qu'ils vous coûteront en pièces de cent sous, ils vous le rapporteront en dévouement, tant que vous serez sur le trône. Nous avons donc jugé qu'il faudrait créer une inspection générale, avec un directeur à huit mille francs d'appointements, et douze inspecteurs qui en auront chacun trois mille. Le service sera ensuite organisé dans les diverses localités, selon le nombre des habitants.

Tel est, sire, le système auquel s'est arrêtée votre commission. Je ne veux point terminer ce rapport sans rendre justice à tous les membres qui la composent, et notamment au brave général Moh-rin. J'appelle sur eux tous l'attention particulière de Votre Majesté, et pour moi, sire, je serai trop heureux si j'ai pu contribuer, dans la faible mesure de mes moyens, à la gloire d'un règne qui sera pour nos derniers neveux un sujet d'admiration et de désespoir.

J'ai l'honneur d'être, sire, de votre sacrée Majesté, le plus fidèle sujet et le plus obéissant serviteur.

Le ministre de l'intérieur,

H.-M. DE MHOR-ESTELLE.

DÉCRET.

Nous, roi d'Araucanie, par notre grâce, comme la plupart de nos confrères, avons ordonné et ordonnons ce qui suit :

Article 1er. Il est défendu à tout Araucanien de manger de l'homme plus d'une fois par semaine.

Art. 2. Il est interdit de manger ses parents jusqu'au huitième degré, à moins qu'ils n'en fassent la demande expresse.

Art. 3. Cette demande devra être faite sur papier timbré, et transmise au sous-préfet, qui l'expédiera à notre ministre, lequel devra rendre réponse dans un délai de dix-huit ans, à partir du jour de la demande.

Art. 4. Il est défendu de manger les malades et les gens trop maigres.

Art. 5. On sera tenu de se conformer, pour l'abattage des hommes de boucherie, aux règlements qui seront ultérieurement portés à la connaissance du public par un arrêté municipal.

Art. 6. La première catégorie de l'homme ne pourra être mangée qu'aux truffes.

Art. 7. Les truffes du Périgord entreront en franchise dans tous les ports de l'Araucanie. Il sera prélevé un dixième de la marchandise pour le service du roi, qui doit l'exemple à ses peuples.

Art. 8. Il sera fondé deux directions, l'une administrative, l'autre médicale, pour surveiller la consommation de la viande d'homme.

Art. 9. Les détails d'administration de ces deux directions nouvelles seront réglés par un décret ultérieur.

Art. 10. Il sera construit un abattoir d'hommes, dont le projet sera mis au concours, comme il est convenable pour tout monument public.

Art. 11. Le prix du concours est donné à l'illustre

Dhavihout, qui sera chargé de bâtir pour cet effet un temple grec.

Art. 12. Un prix de vingt mille écus sur la cassette de Sa Majesté sera donné à l'auteur du meilleur Mémoire sur la façon d'égorger les hommes sans leur faire de mal.

Art. 13. Il sera créé une direction des truffes, chargée de les faire pousser dans un bref délai.

Art. 14. Les contrevenants aux dispositions précitées seront mis à la broche pour la première fois, et, en cas de récidive, ils seront mangés bouillis.

Fait en notre palais de Titi-Caca.

ORÉLIE-ANTOINE Ier.

XXV

SÉRIEUX.

Je lisais, il y a quelques jours, une appréciation des œuvres dramatiques de Regnard, faite par un des plus habiles critiques de ce temps.

L'auteur débutait par un reproche : Regnard, disait-il, n'avait jamais été un écrivain sérieux. J'avoue qu'au premier abord cela ne m'étonna point, je m'en étais toujours douté. Tous les dictionnaires du monde, et en particulier celui de l'Académie, nous apprennent que *sérieux* est l'opposé d'*enjoué*, de *jovial*. Le critique affirmait donc que Regnard était un poëte *jovial* ou *enjoué*. Nous le savions comme lui ; mais pourquoi lui en faisait-il un reproche ? car enfin l'enjouement est la première qualité d'un auteur comique. Il fallait qu'il y eût quelque anguille sous roche, et cela me jeta dans de grandes réflexions.

Je m'aperçus enfin que le critique et moi, nous n'entendions pas de même le mot *sérieux*. Il en est des mots comme des bouteilles dont on a changé le contenu sans ôter l'étiquette ; on lit encore sur le verre, en grosses lettres : *Chambertin;* on va pour goûter : c'est du suresne. Chaque siècle vide ainsi certains mots du sens qu'ils avaient autrefois, et les remplit d'une idée nouvelle. C'est ce qui est arrivé au mot *sérieux*. Il a deux significations qui sont très-distinctes : l'étiquette de la bouteille est la même ; mais quel vin me sert-on ? suresne ou chambertin ?

Au XVIIe et au XVIIIe siècle, au bon temps de la langue, on disait d'un écrivain qu'il avait un fond d'esprit sérieux quand il savait penser. Pourvu que les idées fussent brillantes ou fortes, et toujours soutenues de preuves, la façon dont il les exprimait ne faisait rien à l'opinion qu'on avait de lui ; la forme, si légère qu'elle pût être, ne trompait pas sur le sérieux du fond. Il était alors permis de badiner agréablement, sans cesser d'être un homme sérieux. Les *Lettres persanes* passaient pour une œuvre aussi sérieuse que le *Discours sur l'histoire uni-*

verselle, et l'on eût été alors fort mal reçu à dire de Montesquieu qu'il n'était point un homme sérieux, parce qu'il avait jeté à pleines mains, sur des matières arides, l'enjouement et la malice. Il pouvait se faire qu'un écrivain sérieux ne fût pas en même temps un homme d'esprit; car tout le monde n'a pas ce don charmant d'égayer son sujet et de rendre la vérité aimable; mais il était bien malaisé qu'un écrivain d'esprit ne fût pas un homme sérieux: car l'esprit n'est que la grâce du bon sens. Il faut penser d'abord pour donner un tour agréable à ce qu'on pense. Si Voltaire est encore le maître de l'esprit français, c'est que personne n'a exprimé dans un style plus piquant un plus grand nombre d'idées neuves, hardies et justes. Quant aux gens qui, tout en ne pensant point, affectaient le style grave, on les appelait d'un nom particulier : c'étaient des sots. « La gravité, dit la Rochefoucauld, est un mystère du style inventé par les sots pour cacher la nullité du fond. »

Voilà donc un sens très précis et très-net du mot *sérieux*. Est-ce le seul? est-ce celui qu'il a encore à présent?

Une dame s'en va au ministère demander une place de substitut pour un jeune homme qu'elle protège.

— Vous pouvez compter sur lui, dit-elle, c'est un jeune homme sérieux.

Veut-elle dire par-là : « C'est un jeune homme qui sait penser? » Assurément non; un jeune homme qui pense bien n'est pas toujours un jeune homme qui pense.

Deux agents de change causent sur le boulevard :

— Tu sais, dit l'un, que George est tombé amoureux d'une petite fille qui n'a pas un sou de dot.

— Est-ce qu'il voudrait l'épouser? répond l'autre.

— Oh non! George est un garçon sérieux.

Un garçon sérieux, c'est-à-dire un homme qui calcule, et non un homme qui pense.

Il faut donc reconnaître que le mot *sérieux* enferme aujourd'hui des idées qu'il ne contenait point autrefois. Mais quelles sont ces idées? Essayons de les démêler ensemble, car elles sont nombreuses, complexes, et d'une analyse délicate.

Il y a quelque cent ans, des hommes qui ne possédaient pour tout bien que beaucoup d'esprit, commencèrent à lever les yeux sur les préjugés et les abus du monde où ils étaient nés. Ils virent que dix-huit millions de pauvres diables travaillaient au bonheur de quinze ou vingt mille privilégiés, qui ne les payaient de leur peine qu'en mépris et en coups de bâton. Ils aimaient le vrai; ils chérissaient l'humanité; ils n'avaient rien à perdre; ils ouvrirent le feu contre tout ce qui leur parut faux et injuste. Le ridicule est l'arme qui tue le plus en France; ils ne s'en firent pas faute. Les grands seigneurs prirent plaisir à regarder une petite guerre dont ils ne pensaient pas avoir jamais rien à craindre. Ils furent les premiers à s'amuser des bons coups qui se donnaient, et ils s'en allèrent ainsi, toujours riant, jusqu'au jour où, les abus croulant de toutes parts, ils furent atteints eux-mêmes et tombèrent frappés à mort.

Les vainqueurs, ou plutôt leurs fils, prirent la place que ces messieurs avaient laissée vide, et tout aussitôt ils se mirent à chercher parmi les ruines ce qu'il y avait encore de vieux préjugés et d'antiques abus ; ils les relevèrent soigneusement, en ajoutèrent quelques autres tout neufs, et, quand ils se virent derrière, bien en sûreté, ils tinrent à peu près ce langage :

— Nous voilà placés ; ce n'est plus le moment de rire. Il s'agit de ne pas commettre la sottise qu'ont faite les grands seigneurs à qui nous avons succédé. Ils ont laissé démolir à coups d'épigrammes les préjugés dont ils s'abritaient ; ils y ont aidé eux-mêmes ; nous prétendons qu'on ne touche pas aux nôtres. Il faut qu'on passe devant eux chapeau bas et avec un air de respect. Nous voulons qu'on les tienne pour des principes sacrés, et, afin que personne n'en ignore, nous écrirons dessus en grosses lettres : « Bases de l'ordre social. » Si quelque téméraire s'avise d'y porter la main et de dire en raillant : « Ceci est un préjugé, » entendons-nous pour le chasser ignominieusement de l'estime publique; écartons-le des dignités, des places et des honneurs que nous détenons; interdisons-lui l'eau et le feu, et, pour marquer notre mépris par une épithète plus injurieuse que toutes les injures, appelons-le « homme qui rit, homme qui n'est pas sérieux ; » cela lui apprendra à parler. Qu'on pense au fond de ces principes tout ce qu'on voudra, cela nous est indifférent; nous savons bien nous-mêmes ce que valent quelques-uns d'entre eux; mais qu'on se taise : un bon préjugé fait plus de besogne que dix gendarmes et coûte moins cher d'entretien : c'est tout bénéfice. Respect aux préjugés, respect aux abus, respect à tous ceux qui les maintiennent, depuis Dieu, que nous en avons constitué, sans qu'il en sache rien, le premier protecteur, jusqu'au plus humble garde champêtre.

Et ils firent ainsi qu'ils avaient dit; et comme en France il n'est aujourd'hui personne dont la fortune et la position soient faites, qui n'ait à demander une place ou une croix d'honneur, tout le monde se soumit, tout le monde composa son visage et ses paroles; on n'osa plus, seul dans sa chambre, se croiser les jambes devant son feu, de peur de choquer un usage établi et d'ébranler *les bases de l'ordre social;* on devint éminemment sérieux.

Quelques esprits indépendants élevèrent des réclamations, ils furent traités de la belle manière :

— Messieurs, dit un jour M. Taine, il me semble bien que l'homme n'a pas le libre arbitre, comme vous l'assurez; veuillez écouter mon raisonnement.

— Jamais, répondit-on; car, si l'homme n'est pas libre, c'en est fait de la morale, et, sans morale, que devient la société?

— Je n'en sais rien, répliquait M. Taine, et ce n'est pas mon affaire. Je cherche le vrai pour le vrai, comme on faisait au xviiie siècle, comme doit faire tout philosophe.

— Nos philosophes, monsieur, pensent comme nous; pensez comme eux. Vous n'êtes qu'un matérialiste, et le matérialisme n'est pas une philosophie sérieuse.

— Ohé! dites donc, vous autres, s'écrie un paysan du Doubs, votre propriété est organisée en dépit du bon sens, savez-vous!

— Le fou! répondent les gens sérieux, en haussant les épaules, cela n'est pas sérieux!

— Tiens! tiens! tiens! dit un savant, je vois des animaux qui naissent sans germe : regardez, la matière s'organise d'elle-même en êtres qui vivent.

— Mettez vos lunettes, bonhomme! nous ne regarderons certes pas. Votre opinion, si elle était juste, tendrait à ébranler la foi en Dieu : elle n'est donc pas sérieuse.

— Qu'avez-vous fait là? s'écrient les gens sérieux en sortant du théâtre, où ils viennent de voir *le Fils naturel*; au lieu de nous montrer M. Sternay et son fils tombant dans les bras l'un de l'autre au moment où ils se retrouvent, vous nous les représentez discutant d'un ton aigre, et le père disant à son fils qu'il ne peut pas l'aimer, puisqu'il ne l'a jamais vu. Et la voix du sang, monsieur! et la famille!

— Mais la scène est vraie, répond M. Dumas fils.

— Il s'agit de morale et non de vérité. La famille est une des bases de l'ordre social. Il faut les respecter toutes, ou du moins en faire le semblant; on n'est un homme sérieux qu'à ce prix.

L'hypocrisie du respect est donc l'un des ingrédients du sérieux moderne; joignez-y l'hypocrisie du sentiment.

Le XVIIIe siècle n'avait eu foi qu'au raisonnement, qui le mena tout droit à la révolution de 89. Cela mit en défiance les gens sérieux du XIXe.

Ils se dirent que la raison avait ses dangers, et décidèrent qu'il ne fallait plus croire que par sentiment. C'est alors que M. de Chateaubriand leur donna pour preuve de la religion l'impression qu'elle faisait sur lui, Chateaubriand, et personne n'éclata de rire. Ils avaient conservé le goût des études philosophiques, qui n'a jamais péri en France; mais, comme ils ne voulaient plus ni de la logique ni de l'analyse, ils demandèrent une philosophie à leur cœur, et mirent à la mode la métaphysique du sentiment. On vit paraître des romans et des drames humanitaires; les odes devinrent des méditations, et il n'y eut si mince poëte qui ne prétendît raffermir les bases de l'ordre social en versant dessus quelques larmes. Il ne fut plus question que d'enthousiasme, d'exaltation, d'extase, et l'on trouva des René jusque dans les coulisses de l'Opéra. Si quelque brave garçon s'avisait d'avouer qu'il n'entendait rien à tout ce pathos, et se mettait à parler raison : « Vous n'avez pas de cœur, » lui répondait la foule des gens qui n'y entendaient pas davantage. Et, s'il avait le malheur de se moquer, c'était fait de lui;

on le déclarait indigne d'appartenir au corps des gens sérieux; il était excommunié.

Il fallait pour ces idées nouvelles un langage nouveau. La prose si nette et si vive de Condillac et de Voltaire n'était plus de mise. On adopta le style abstrait. Ce style consiste à remplacer les petits faits qui prouvent par de grands mots qui éblouissent, et les raisons par des métaphores; à dire d'un ton solennel ce qui ne vaudrait pas la peine d'être simplement dit; à faire croire que l'on pense profondément alors que l'on n'a point d'idée, et par-dessus tout à ennuyer son monde, sans lui rien apprendre. Les gens sérieux le recommandèrent, parce qu'il est calmant; les revues sérieuses le fêtèrent; et ce pauvre Stendhal, qui persista, il y a trente ans, à parler de son mieux la langue du dernier siècle, fut déclaré anathème, indigne d'être lu par des hommes sérieux.

Voilà, si je ne me trompe, tous les éléments dont se compose le sérieux moderne : hypocrisie de respect, hypocrisie de sentiment, et, brochant sur le tout, hypocrisie de style.

Mon critique avait raison : Regnard n'était point un homme sérieux; ce n'était qu'un bon enfant qui avait le génie de la gaieté franche et libre. En ce sens, on peut dire aussi, et bien des gens le croient, que les hommes du XVIIIe siècle n'étaient pas des gens sérieux.

Je connais un jeune écrivain du nôtre pour qui ce reproche est une phrase toute faite, et qui semble, en effet, avoir pris à cœur de le mériter. Il aime la vérité avec passion, et la dit librement, sans s'inquiéter des suites. Quand il est revenu de Grèce ou d'Italie, rien n'a pu lui fermer la bouche. Le plaisir de dire vrai l'a emporté sur toute autre considération, et cette franchise lui a fait le plus grand tort. Il ne hait point le sentiment; il y en a du meilleur et du plus délicat dans ses œuvres; il a horreur du sentimentalisme. Il donne à la raison le pas sur son cœur, et ne possède point cette faculté, si nécessaire aux hommes sérieux, de croire sans preuves. Enfin, et c'est là le plus triste de son affaire, il tâche d'écrire comme Voltaire écrivait autrefois. Il aime le parler franc autant que le libre penser. Il ne lui suffit pas d'avoir des idées, il cherche à les rendre claires et piquantes; il veut que tout le monde les comprenne, et n'en dispense pas même les femmes. Il rit et fait rire : c'est un grand tort, comme on le sent bien; et si jamais il se présente à l'Académie, le concierge lui criera par un guichet :

— Passez votre chemin; je n'ouvre qu'aux gens sérieux!

Cela n'est pas bien sûr pourtant. Ce jeune homme a réussi par delà même ses espérances. C'est un grand signe. Les gens sérieux perdraient-ils du terrain? L'épais ennui dont ils ont engourdi la génération présente a-t-il fini par lui donner sur les nerfs? Va-t-elle s'éveiller? On le dirait. Les œuvres de Stendhal se vendent par milliers et ne scandalisent plus qu'un petit nombre de personnes graves; M. Mérimée, ce Fontenelle discret, qui a toujours eu la main pleines de vérités, sans jamais l'ouvrir, regarde avec un sourire de malice le succès posthume de son ami. Ce pauvre et grand Balzac, qui, toute sa vie, avait jeté dans la gueule du monstre des tartines beurrées d'orthodoxie sans parvenir à l'apaiser, vient d'avoir son éloge en pleine Académie. On a dit qu'il était fâcheux qu'il n'y fût point entré ; fâcheux pour l'Académie, cela s'entend. Les livres de M. Taine font tout doucement leur chemin ; beaucoup d'honnêtes gens osent rire quand M. About parle ; une nouvelle génération s'élève qui relit Voltaire ; ne désespérons de rien. Un jour viendra peut-être où le concierge de l'Académie sera outrageusement sifflé, s'il s'avise de dire :

— Je n'ouvre qu'aux hommes sérieux !

XXVI

LA SOCIÉTÉ.

Il y a des idées, des habitudes, des ridicules qui n'appartiennent qu'à la province. Il y a aussi pour les exprimer des termes qui sont exclusivement provinciaux. Paris s'en moque, et le Dictionnaire de l'Académie les ignore ; ils n'en ont pas moins cours dans les quatre-vingt-huit départements qui entourent celui de la Seine.

On les retrouve partout, dans les villes de trente mille âmes comme dans les bourgs de quinze cents, à Grenoble comme à Landerneau, à Strasbourg comme à Carpentras ; il n'y a que le boulevard des Italiens où leurs visages et leurs noms soient inconnus.

La province a donc son *argot* tout aussi bien que la capitale : peut-être sera-t-il curieux d'y pousser quelques reconnaissances. Ce sera une étude faite une fois pour toutes ; car, s'il est vrai qu'à Paris les mots s'usent vite, et qu'il faille sans cesse en frapper de nouveaux pour suffire à l'active circulation des idées, on peut dire qu'en province ils se conservent, comme des louis tout neufs, précieusement cachés au fond d'un vieux bas de laine.

La société est un de ces termes du vocabulaire provincial, dont le sens n'est bien compris que hors barrière.

Tout le monde à Paris sait ce qu'on entend par la *bonne compagnie*. Peut-être le terme serait-il malaisé à définir. Où commence la bonne compagnie ? Où finit-elle ? On serait fort en peine de le marquer précisément. C'est un mot élastique, comme il y en a tant dans notre langue, et qui se resserre ou s'étend au gré de ceux qui l'emploient. On n'en est pas moins compris de tous, quand on le prononce, parce qu'il éveille chez tous un certain nombre d'idées communes ; et si l'on vient à dire d'un homme qu'il voit *la bonne compagnie,* ou qu'il est de *bonne compagnie,* il n'est personne qui se méprenne sur le sens et la portée du mot.

Ce qu'on appelle *la société* dans une petite ville est à certains égards *la bonne compagnie* de l'endroit. C'est l'ensemble des personnes qui, selon l'expression consacrée, *peuvent se voir*. Vous imaginez aisément que la géographie de *la société* provinciale serait encore plus difficile à établir que celle de *la bonne compagnie* parisienne. Elle change sans cesse suivant les lieux et les mœurs; il y a tel petit trou de province où un gabelou est de *la société;* il est fonctionnaire, il porte un uniforme; on *le reçoit:* il y a telle grande ville, ville de magistrature, où un officier n'est point admis dans *la société* du droit seul de son épaulette. Il lui faut, pour être *reçu*, un répondant ou des lettres d'introduction. Les salons se fermeraient devant lui en dépit de son grade, s'il se présentait seul. J'ai couru dix ans la province; j'ai vu, comme Ulysse, bien des villes, et partant bien des *sociétés* différentes. Chacune de ces *sociétés* a ses limites propres et son aspect particulier; mais je puis dire aussi que toutes se ressemblent par un trait commun, qui est le trait caractéristique de ce qu'on appelle en province *la société*, et qui la distingue profondément de la *bonne compagnie* parisienne.

La *bonne compagnie* admet un homme sur ce qu'il vaut; la *société* lui demande d'abord ce qu'il est. Toutes deux exigent un habit noir; mais sous cet habit, la première cherche un homme, et la seconde, une fortune ou une place. Il faut, pour entrer dans l'une, un mérite quel qu'il soit; on y paye de sa personne. Le mérite n'est reçu dans l'autre que si par hasard il est soutenu d'avantages plus solides ; on y paye titre ou argent comptant. Un conseiller à la cour serait infiniment plus considéré dans la *société* que M. Victor Hugo, simple faiseur de vers ; peut-être la *bonne compagnie* donnerait-elle le pas au grand poëte. J'ai vu à Paris de grands négociants qui sont de *bonne compagnie*, et vont dans le meilleur monde ; on ne s'y inquiète pas de ce qu'ils vendent le matin, on leur fait accueil pour ce qu'ils peuvent donner le soir. Il serait inouï, dans la plupart des villes de France, qu'un commerçant eût droit d'entrée dans la *société :* ce serait le renversement de tous les usages.

Il y a une quinzaine de jours, un de mes anciens camarades de pension vint me rendre visite. Je l'avais depuis longtemps perdu de vue ; car au sortir du collége, chacun tire de son côté, et l'on ne se rencontre plus que par hasard ; mais on a toujours plaisir à se revoir. Il avait été l'un des plus brillants élèves du lycée Charlemagne ; nous nous étions quelquefois disputé la première place ; nous nous mîmes à causer de bonne amitié.

Il m'apprit qu'il vivait en province, dans une petite sous-préfecture de dix mille âmes, que je me garderai bien de nommer ; ces révélations y tomberaient comme une étincelle sur un baril de poudre. Il se trouva précisément que j'y connaissais une personne haut placée ; je lui demandai si elle tenait toujours le premier salon de la ville.

— Je n'en sais rien, me répondit-il en souriant; je ne suis plus de la société.

— Et comment cela? m'écriai-je.

Il me raconta alors qu'après avoir terminé son droit, il était revenu dans son pays avec l'intention d'y acheter une charge de notaire, et s'était mis clerc dans la première étude de l'endroit. Ce fut son temps de gloire; il n'y avait si aristocratique réunion où il ne fût invité; les bals de M. le sous-préfet n'auraient pu se passer de sa présence; il était le plus bel ornement de la *société*. Sur ces entrefaites, son père vint à mourir. Il laissait une maison de commerce dont les affaires étaient fort embrouillées et exigeaient une main d'homme. Mon ami quitta résolûment la basoche et reprit la maison de son père.

— Aujourd'hui, ajouta-t-il, tout va bien, je gagne beaucoup d'argent, j'ai acheté à ma mère une petite propriété où elle vit heureuse à nourrir des lapins et des poules; j'ai doté mes deux sœurs, et les ai mariées, comme elles le désiraient, l'une à un professeur du collège, l'autre à un employé du télégraphe; elles sont de la société, et moi, je n'en suis plus.

Je pris la parole à mon tour et lui contai ce que j'avais vu dans un méchant bourg de Bretagne, où j'ai vécu six mois. J'habitais dans la même maison qu'une pauvre femme, veuve d'officier, qui vivait très-maigrement de la maigre pension de retraite que lui avait laissée son mari. Elle avait une fille de dix-huit ans qui n'était ni bien jolie, ni bien spirituelle, et qui attendait, en se brodant des manchettes et des cols, le moment de coiffer sainte Catherine. Mais toutes deux se consolaient : elles allaient dans le monde ; elles étaient de la *société*. A côté de ces deux dames demeurait un marchand de grains qui faisait de bonnes affaires. Il voyait la jeune fille tous les jours ; il s'en éprit et la demanda en mariage. Elle le refusa net ; non point qu'il y eût rien à dire contre lui ; il était d'une figure agréable, et passait pour un homme intelligent et probe ; mais il n'était pas de la *société*. Elle a épousé depuis un employé de l'octroi ; elle mange toute l'année des pommes de terre, et a l'inestimable avantage de danser trois fois par an à la mairie. Elle est de la *société*.

Dans une ville de trente mille âmes, un préfet, homme d'esprit, avait invité à ses grands bals trois ou quatre des principaux commerçants de l'endroit. Les *dames de la société* se coalisèrent pour faire bande à part ; l'une d'entre elles refusa de danser devant ce qu'elle appelait une marchande ; et ce fut la femme du préfet qui, pour éviter un scandale, fit vis-à-vis. Ce fait paraîtra sans doute peu croyable à des Parisiens ; je l'ai vu pourtant, et je suis sûr qu'il est bien peu de gens qui, après une année de séjour en province, n'aient pu être témoins de scènes pareilles.

On m'assure que ces préjugés reculent tous les jours et finissent par disparaître. Je le souhaite ; car la province y perd plus qu'elle ne saurait le croire. Ce sont eux qui entretiennent ce goût des jeunes gens pour ce qu'on appelle si niaisement les professions libérales, et couvrent la France d'aspirants fonctionnaires; ce sont eux qui font que, dans une petite ville où tous les gens *comme il faut* devraient se serrer les uns aux autres contre l'ennui, qui est l'ennemi commun, il s'établit trois ou quatre salons qui se détestent et ne veulent pas se voir. Avec ces préjugés tombera le mot qui les représente, et nous ne regretterons pas le jour où il n'y aura plus, d'un bout à l'autre de la France, que de la bonne compagnie.

XXVII

TEMPÉRAMENT.

« Il est difficile de définir l'amour, disait un moraliste au commencement du xviie siècle. Ce qu'on en peut dire est que, dans l'âme, c'est une passion de régner; dans les esprits, c'est une sympathie; et dans le corps, ce n'est qu'une envie cachée et délicate de posséder ce qu'on aime, après beaucoup de mystères. »

Je crois bien que la Rochefoucauld a rassemblé dans cette spirituelle définition tous les éléments dont se compose l'amour. Mais le rang et l'importance qu'il attribue à chacun d'eux ont plus d'une fois varié dans le couran des siècles. Il en est de l'amour comme de toutes les choses de ce monde : il est un et changeant. Les traits généraux qui le constituent persistent toujours les mêmes à travers les révolutions des âges; mais il a ses accidents de physionomie qui le modifient suivant les lieux, les temps et les hommes, et qui en renouvellent incessamment l'aspect.

Il est clair qu'il y eut des époques où l'on tint fort peu de compte, en amour, de la sympathie dans les esprits, où ce désir de posséder la personne que l'on aimait ne fut si caché ni si délicat que la Rochefoucauld veut bien le dire, où la femme ne fut guère pour l'homme qu'un instrument de volupté.

Le moraliste du XVIIe siècle n'a défini que l'amour de son temps. Tout le monde sait qu'alors ce qu'il nomme si ingénieusement *une envie de posséder* n'occupait, dans la passion, que la dernière et la moindre place. Il était du bel air de la cacher, de l'envelopper en quelque sorte d'un subtil brouillard de sentiments raffinés; on levait les mystères l'un après l'autre et d'une main délicate : les écarter d'un seul coup eût marqué l'empressement le plus odieux et le plus brutal. C'était le siècle, on s'en souvient, où la belle Julie faisait languir quatorze ans le plus honnête homme du royaume, M. de Montausier. Quatorze ans de mystères, cela ne paraissait point trop long à ces amants modèles.

— Eh quoi! s'écriait mademoiselle Cathos, débuter par où l'on finit d'ordinaire, et commencer par le mariage!

Quelques femmes avaient encore renchéri sur ces subtilités. Elles prétendaient tout uniment supprimer de l'amour ce dernier point, qui leur semblait une insulte à la pudeur de leur sexe. Elles voulaient être de purs esprits; du corps, il n'en était plus question. On se rappelle les théories d'Armande dans les *Femmes savantes:*

> Vous ne sauriez pour moi tenir votre pensée
> Du commerce des sens nette et débarrassée !
> Et vous ne goûtez point dans ses plus doux appas,
> Cette union du cœur où les corps n'entrent pas !
> Vous ne pouvez aimer que d'une amour grossière,
> Qu'avec tout l'attirail des nœuds de la matière ;
> Et pour nourrir les feux que chez vous on produit,
> Il faut un mariage et tout ce qui s'ensuit.
> Ah ! quel étrange amour ! et que les belles âmes
> Sont bien loin de brûler de ces terrestres flammes !
> Les sens n'ont point de part à toutes leurs ardeurs,
> Et ce beau feu ne veut que marier les cœurs.
> Comme une chose indigne il laisse là le reste,
> C'est un feu pur et net comme le feu céleste ;
> On ne pousse avec lui que d'honnêtes soupirs,
> Et l'on ne penche point vers les sales désirs.
> Rien d'impur ne se mêle au but qu'on se propose,
> On aime pour aimer et non pour autre chose.
> Ce n'est qu'à l'esprit seul que vont tous les transports,
> Et l'on ne s'aperçoit jamais qu'on ait des corps.

C'est une folle qui parle; mais cette folie n'était qu'une exagération des idées du temps. La Rochefoucauld semblait demander grâce pour le corps; les précieuses le supprimaient. C'était l'esprit d'un siècle qui était profondément chrétien.

Le christianisme s'est toujours défié de la matière. Il

n'a pu l'anéantir complètement; il l'a presque réduite à rien. Il lui a bien fallu admettre le mariage et tout ce qui s'ensuit. Mais il a ouvertement enseigné, ou du moins il a fait entendre qu'on en devait proscrire *cette envie de posséder,* qui s'adresse uniquement au corps. Il l'a déclarée éminemment dangereuse ; et quand il a voulu désigner d'un mot les personnes qui en étaient travaillées, il est allé chercher dans la langue latine un terme qui enfermait une idée de péril ; il a dit d'elles qu'elles étaient *lubriques.*

Il ne faut pas croire que le mot *lubrique* eût alors le sens répugnant qu'il a pris de nos jours. Il ne s'en dégeait point encore cette engloutissante odeur de sacristie que nous y sentons d'une façon si désagréable. *Lubrique* n'avait d'autre signification que celle qu'il tenait de son étymologie ; il voulait proprement dire : *glissant (lubricus).* Quand Boileau parlait

> De tous ces lieux communs de morale lubrique
> Que Lulli réchauffa des sons de sa musique,

il entendait uniquement par ce mot *lubrique* ce que nous exprimons, dans la langue contemporaine, par le terme *hasardeux.* Dire d'une personne qu'elle était *lubrique,* ce n'était donc point lui adresser la grossière injure qu'on y verrait aujourd'hui ; c'était, en quelque sorte, lui crier : « Prenez garde, vous êtes sur une pente qui mène à un abîme. Quand on s'abandonne à l'*envie de posséder,* ou, pour parler un langage plus ecclésiastique, aux désirs de la chair, on va, toujours glissant, jusqu'au fond. »

Lubrique et *lubricité* n'existent plus aujourd'hui que dans le dictionnaire des sacristains. On n'oserait pas les prononcer dans la bonne compagnie. Ces termes traînent à leur suite des idées révoltantes, qui soulèvent le cœur de dégoût. On ne les a gardés dans la langue générale que pour exprimer ce qu'ont de plus ignominieux les habitudes du vice chez d'immondes vieillards.

Et pourtant cette *envie de posséder* qui est naturelle à la femme comme à l'homme, et qui est, après tout, un des éléments de l'amour, il fallait trouver pour la rendre un nouveau terme qui n'emportât point avec soi d'idée ignoble. Ce mot était plus difficile à rencontrer qu'on n'imagine. Dans quel ordre de pensées allait-on le prendre ?

Le spiritualisme chrétien avait beaucoup perdu au xviiie siècle. On n'en était pas encore à la réhabilitation de la chair ; mais tous les hommes auraient volontiers répondu avec Clitandre :

> Pour moi, par un malheur, je m'aperçois, madame,
> Que j'ai, ne vous déplaise ! un corps ainsi qu'une âme.
> Je sens qu'il y tient trop pour le laisser à part.
> De ces détachements je ne connais point l'art ;
> Le Ciel m'a dénié cette philosophie,
> Et mon âme et mon corps marchent de compagnie.

Quelques-uns même auraient donné le pas au corps sur l'âme, et le nombre en allait croissant tous les jours.

La satisfaction des sens, qui n'avait été qu'une des tristes nécessités de l'amour, en était devenue le point lumineux. Le désir de les satisfaire devait donc s'exprimer par un mot qui n'enfermât point de blâme, comme celui qu'on délaissait.

Mais il était impossible, d'un autre côté, qu'il présentât à l'esprit des idées flatteuses et riantes. Les femmes ne sont plus des Armande, ni même des Julie; elles n'imposent plus à l'homme qu'elles aiment un noviciat de quatorze ans. L'attente leur paraîtrait, sans doute, aussi longue qu'à lui; mais elles n'en veulent pas convenir. Un secret et indéfinissable instinct de pudeur écarte de leurs yeux cette idée extrême de la possession. Elles prétendaient autrefois au rang de *purs esprits;* il faut leur donner de *l'ange,* à présent, pour leur plaire. Armande ne voulait que des *sentiments subtilisés;* madame de Mortsauf ne souffre que des *aspirations éthérées.* Au fond, c'est toujours la même chose. Les femmes mêmes qui ont des désirs ne sont pas ravies qu'on leur en parle, et le seraient moins encore s'il y avait dans la langue, pour les exprimer, un mot fleuri, et qu'il n'apparût à l'imagination qu'escorté d'idées aimables.

Il est bien curieux de voir par quel chemin on est arrivé à celui qui a eu l'honneur d'être choisi entre tous.

Tout le monde sait ce qu'on entend par un pays *tempéré.* C'est un pays où le froid et le chaud, l'humide et le sec se mêlent dans des proportions à peu près semblables. *Température* et *tempérament* ne veulent pas dire autre chose que *mélange*. L'un s'applique aux climats, mais nous n'en avons que faire ici ; l'autre, aux hommes. Le tempérament, c'est proprement ce mélange d'humeurs et de forces qui fait qu'un corps est constitué d'une certaine façon plutôt que d'une autre. Si c'est le sang qui y domine, on dit, et avec raison, que le tempérament est sanguin; on l'appelle nerveux, si ce sont les nerfs. Il y a des tempéraments ardents, il y en a de mous. Mais par lui-même et privé de toute épithète qui le caractérise, tempérament n'a point de sens. Qu'est-ce qu'un mélange dont on ne connaît point les éléments? Si l'on vous demandait : « Voulez-vous boire ce mélange? »

— Un mélange de quoi? répondriez-vous aussitôt.

Le mot, pris dans cette acception, est excellemment fait; les médecins ont prétendu, dans ces vingt dernières années, lui substituer le terme d'*idiosyncratie*. *Idiosyncratie* a du bon! il donne un air savant à celui qui le prononce. Mais qu'avions-nous besoin de ce magnifique vocable avec sa physionomie pédante? Il dit en grec ce que l'autre disait en latin. Il signifie *mélange de choses qui forment un tout particulier*. C'était juste la signification du mot *tempérament*.

Voilà donc un mot qui, réduit à son seul sens, n'apporte à l'esprit aucune idée, ni agréable, ni déplaisante. Vous pouvez parler du tempérament de madame la marquise sans la désobliger ni lui plaire. Elle a un tempérament par cela seul qu'elle existe. Ses humeurs et ses forces sont nécessairement mélangées d'une certaine sorte, et la constituent ce qu'elle est. C'est par ce mot que les hommes du XVIII° siècle ont commencé de désigner cette *envie de posséder* dont nous parlons, et comme on pouvait, sans faire rougir personne, discuter sur le tempérament de madame la marquise, ils ont été conduits à dire qu'elle avait *du tempérament*.

Il y a loin de *tempérament* à *lubricité*. L'un a été fait par des prêtres, et l'autre par des gens du monde. Et pourtant voyez comme tous deux naissent d'une même façon d'envisager la femme. Les prêtres lui crient :

— Votre vertu, madame, est tout entière dans votre pudeur; pour peu que vous cédiez sur cet article, vous êtes infailliblement perdue.

Les gens du monde viennent ensuite et disent à leur tour :

— Ces humeurs et ces forces dont l'accord vous fait ce que vous êtes, ont en votre personne un point central où elles se mêlent, et que nous appellerons d'une manière plus spéciale : le tempérament. Vous êtes toute en ce petit coin de vous-même; c'est lui qui est la maîtresse partie, de qui dépend tout le reste.

Prêtres et hommes du monde ont, au fond, de la femme la même opinion; mais ils la regardent sous des jours différents, et les mots dont ils se servent portent pour ainsi dire la marque de leurs préoccupations.

Les prêtres songent plus à la morale; les gens du monde à la physiologie. Les uns sont spiritualistes, les autres penchent plus volontiers vers la matière. Au xviie siècle, le mot qui exprime ce désir ou, si l'on aime mieux, l'expression de la Rochefoucauld, cette envie de posséder ce que l'on aime, met en garde contre elle, et en détourne. Le terme qu'on lui substitua au xviiie ne traduit qu'un fait, sans montrer s'il est regrettable.

Je crois que *tempérament* n'a été employé au sens dont je parle que dans le courant du xviiie siècle. Je n'en suis pas bien sûr; je n'ai d'autre preuve de mon opinion qu'une lettre de Voltaire, où il assure que ce sens est nouveau, et s'en moque avec beaucoup de grâce et d'esprit. Si l'on en trouve des exemples antérieurs, il est évident que Voltaire se sera trompé, et moi après lui. Mais la date ne fait rien à l'affaire; les réflexions que le mot lui-même m'a inspirées ne m'en paraissent pas moins justes.

Je doute qu'il dure bien longtemps encore. Il s'écrivait beaucoup au siècle dernier, et je l'ai trouvé plusieurs fois dans les œuvres de Diderot, de Chamfort et de Duclos. Je ne crois pas qu'un romancier oserait s'en servir aujourd'hui. Je l'ai cherché vainement dans les livres où il eût été le mieux de mise; ni madame Bovary, ni Fanny n'avouent qu'elles ont du tempérament, elles se contentent de le prouver. Elles témoignent d'une envie fort peu cachée et fort peu délicate de posséder ce qu'elles aiment, sans le moindre mystère; mais elles ne connaissent pas de nom pour cette envie-là.

Ce nom est commode dans les conversations entre hommes. Il dispense de circonlocutions qui ne sont pas toujours d'un emploi facile. Mais il n'est pas souhaitable qu'il reprenne jamais pied dans la bonne compagnie.

Nous voyons déjà poindre, pour signifier la même chose, un terme dont la fortune a été singulièrement rapide. Il est sorti des livres de médecine, et convient tout à fait à un siècle matérialiste qui ne voit dans l'homme qu'un sujet d'études physiologiques. C'est le mot *hystérique*. On trouve aujourd'hui de l'hystérie partout. Ces troubles délicieux d'une jeune fille qui ne forme que des désirs vagues et pleure sans savoir pourquoi : hystérie. Ces langueurs de la femme de trente ans, qui s'ennuie et qui rêve : hystérie. Les aspirations tumultueuses de la femme de quarante ans qui s'élance dans l'avenir en retournant la tête : hystérie. Nos docteurs ont peuplé le monde d'hystériques. Ce mot n'est point agréable, il porte avec lui je ne sais quel parfum d'hôpital. Il est pourtant le bienvenu. Il se dégage peu à peu de ce cortége d'idées médicales dont il était entouré à sa naissance. Il finira par prendre une tournure tout à fait mondaine; il aura son beau temps, qui sera court sans doute; puis il ira rejoindre tempérament et lubricité dans la fosse commune. Les termes qui expriment de vilaines choses y contractent une si repoussante odeur, qu'il est impossible de vivre longtemps avec eux. Le succès ne les désinfecte que pour un instant; le dégoût monte bien vite aux lèvres qui s'en servent; on les rejette sans plus de façon. Ce sont, dans la langue, ceux qui se renouvellent le plus vite,

XXVIII

VAUDEVILLE.

Au vieux temps où l'on aimait
   Chanter, boire et rire,
Basselin improvisait,
   Sans savoir écrire,
De bons couplets bien chantants,
Que l'on répéta longtemps
   Dans le val de Vire,
     O gué
   Dans le val de Vire.

Là fut jadis le berceau
   Du vieux Vaudevire;
Il naquit au bord de l'eau,
   C'est cruel à dire.
Mais il n'en chanta que mieux
L'amour jeune et le vin vieux,
   Dans le val de Vire,
     O gué
   Dans le val de Vire.

C'était un enfant malin,
   D'humeur indocile;
Il voulut voir un matin
   Paris la grand'ville;
Il laissa son nom normand
Pour s'appeler noblement
   Maître Vaudeville,
     O gué
   Maître Vaudeville,

De la satire il y prit
　Le goût et le style,
Et charma par son esprit,
　La cour et la ville;
Il cribla de ses refrains
Et frondeurs et mazarins,
　Ce bon Vaudeville,
　　　O gué
　Ce bon Vaudeville.

En ses chansons, du grand roi
　Il refit l'histoire;
La Vallière et Villeroy,
　L'amour et la gloire,
Tout le grand siècle y passa,
Et sa perruque y dansa
　Sur des airs à boire,
　　　O gué
　Sur des airs à boire.

Au temps de la Pompadour,
　Comme à cette école,
De vin, de joie et d'amour
　La France était folle;
D'un ton un peu plus salé
Il se livra chez Collé
　A la gaudriole,
　　　O gué
　A la gaudriole.

Mais le théâtre à Paris
　Est la grande affaire,
Un matin il y fut pris
　De belle manière;
Et sans crainte des sifflets
Il débita ses couplets
　Devant un parterre,
　　　O gué
　Devant un parterre.

Pour théâtre, il eût longtemps
  Celui de la Foire;
Pour public, de bonnes gens,
  Riant après boire;
Il chantait avec Panard
A la franquette et sans art,
  En narguant la gloire,
    O gué
  En narguant la gloire.

Quand d'un théâtre à son nom
  Plus tard il fut maître,
Il conserva même ton,
  Même façon d'être;
Avec Merle et Désaugiers,
Et tant d'autres chansonniers,
  Il se vit renaître,
    O gué
  Il se vit renaître.

Il chanta comme toujours,
  La gloire et les belles;
Les vieux vins et les amours,
  Les amours nouvelles;
Il mit Horace en flons flons;
En avant les violons,
  Et foin des cruelles,
    O gué
  Et foin des cruelles.

Mais enfin Scribe arriva,
  Scribe, l'homme habile;
De la scène il éleva
  Le ton trop facile.
Veuillez tourner le feuillet,
Vous verrez ce qu'il a fait
  Du vieux Vaudeville,
    O gué
  Du vieux Vaudeville.

LES TROIS SCRIBE

OU QUATRE DUELS ET UN GENDARME

CRITIQUE-VAUDEVILLE EN UN ACTE

DU THÉATRE DE MADAME

PERSONNAGES :

GERMONT, riche propriétaire.
GUSTAVE, son neveu.
BOUCHARGARD, colonel.
FLORVILLE, comédien de province.
VICTOR, second clerc.

MADAME MELCOURT, veuve.
EMMELINE, fille de madame Germont.
UN DOMESTIQUE.
UN GENDARME.

Un salon de campagne. Au lever du rideau, M. Germont est à demi couché sur un canapé. Emmeline brode, assise à une table de travail. A côté d'elle, madame Melcourt dévide un écheveau de fil, que Gustave tient tendu sur ses bras. Bouchargard se promène de long en large.

SCÈNE PREMIÈRE.

GERMONT, GUSTAVE, MADAME MELCOURT, UN DOMESTIQUE.

(Entre un domestique, portant des lettres et des journaux.)

LE DOMESTIQUE, à M. Germont.

Le courrier de monsieur.

GERMONT, lisant la suscription.

Monsieur Germont, propriétaire au château de Fran-

cheville, près Bourges... C'est pour moi. — *Monsieur Bouchargard....* Pour vous, colonel. — *Madame veuve Melcourt...* Voici qui vous regarde, madame. — Un journal de modes; c'est ton affaire, Emmeline.

GUSTAVE, avec enthousiasme.

Oh! parfait! sublime!

(Il tire un carnet de sa poche et se met à écrire.)

GERMONT.

Ah çà! qu'est-ce qui vous prend, monsieur mon neveu?

GUSTAVE.

Tous les personnages nommés dès le début! un vrai commencement de vaudeville! il n'y manque qu'une chose : c'est l'heure. Vous auriez dû dire, en tirant votre montre : « Midi! Le facteur n'est pas encore venu! » Mais c'est un oubli facile à réparer.

GERMONT.

Tu es insupportable avec ta manie de vaudeville. On ne peut plus dire un mot que tu ne le couches par écrit. Tu recueilles même les calembours.

GUSTAVE.

Dame! mon oncle, écoutez donc, le vaudeville, c'est l'esprit des autres. (A madame Melcourt, qui salue en riant.) Pourquoi saluez-vous, madame?

MADAME MELCOURT.

Je salue une vieille connaissance : ce mot est de

M. Dumas fils, qui l'avait lui-même emprunté à madame
de Girardin.

GUSTAVE.

Eh! sans doute, madame. Croyez-vous qu'il faille, pour
un vaudeville, se mettre en frais de mots tout neufs? Ce
serait de bon bien perdu.

GERMONT.

Perdu?

GUSTAVE.

Oui, mon oncle, perdu... Les mots neufs sont comme
les fruits verts : le public n'y mord qu'en faisant la grimace ; mais servez-lui, pour voir, une plaisanterie déjà
mûre, qui se soit faite, comme une nèfle, sur la paille
des petits journaux; il y enfonce la dent, il la savoure,
ses yeux brillent de plaisir. M. Scribe le sait bien; il ne
suffit pas qu'un mot soit bon, il faut encore qu'il soit à
son point. Il serait un peu avancé même, cela ne gâterait
rien.

GERMONT, qui a continué de lire sa lettre.

Eh! bon Dieu, quelle aventure!... Écoutez ici, monsieur le vaudevilliste.

(Tout le monde se rapproche curieusement, Germont lit :)

« Mon vieil ami,

» Je m'empresse de t'annoncer une nouvelle qui t'intéresse et que j'ai appris par hasard. M. Scribe a su par
ton notaire, qui est aussi le mien, maître Chaboulot, que

ton domaine de Francheville est à vendre. Il veut l'aller voir, et compte le faire incognito, sous un nom supposé. Il craint les cérémonies et les compliments. Tiens-lui la dragée haute. M. Scribe peut payer, il a quatre-vingt mille livres de rente... » (Avec indignation.) Quatre-vingt mille livres de rente !

GUSTAVE.

Eh bien, mon oncle, qu'y a-t-il là qui vous choque?

GERMONT.

Ce ne sont pas les quatre-vingt mille livres de rente qui me choquent, au contraire. C'est la façon dont elles ont été gagnées. J'ai passé trente ans de ma vie à vendre des denrées coloniales, et c'est à peine si j'en ai amassé quarante mille.

GUSTAVE.

Le vaudeville est une denrée nationale, mon oncle.

GERMONT.

N'est-ce pas une indignité? Autrefois, les faiseurs de livres mouraient de faim, mais c'étaient des hommes de génie.

GUSTAVE.

Est-il bien nécessaire que les hommes de génie meurent de faim?

GERMONT.

Cela serait tout au moins convenable. Il est ridicule qu'un simple vaudevilliste puisse acheter un domaine de cent mille écus,

GUSTAVE.

Vous le lui vendrez cent cinquante mille.

GERMONT.

J'y compte parbleu bien! Cela lui apprendra.

GUSTAVE.

Les vaudevillistes se sont aperçus qu'en ce monde on n'est estimé qu'au prorata de son argent; ils font ce qu'ils peuvent pour gagner beaucoup d'estime. Faut-il leur en savoir si mauvais gré?

MADAME MELCOURT.

Voyons, messieurs, la fin de la lettre.

GERMONT, reprenant.

Hum! hum! « Quatre-vingt mille livres de rente!... S'il n'a pas le temps de venir lui-même, il enverra son notaire ou l'un des clercs de l'étude. En tout cas, tiens-toi prêt pour mercredi. »

GUSTAVE.

Mercredi! C'est aujourd'hui même; quel bonheur!

GERMONT.

Nous n'avons pas une minute à perdre. Je cours donner des ordres; viens avec moi, Gustave. Au revoir, colonel. (Saluant.) Madame...

SCÈNE II

BOUCHARGARD, MADAME MELCOURT, EMMELINE.

MADAME MELCOURT.

Et notre toilette qui n'est pas faite! — Colonel, j'ai un petit service à vous demander.

BOUCHARGARD.

Parlez, madame; mon sang, ma vie...

MADAME MELCOURT.

Je n'en veux pas tant. Il s'agit de monter à cheval, et d'aller à Bourges me chercher une paire de boucles d'oreilles que j'ai laissée, il y a quelques jours, chez le bijoutier, et qu'on aurait dû me renvoyer ce matin.

BOUCHARGARD.

Et qu'avez-vous besoin de ces boucles d'oreilles?

MADAME MELCOURT.

Vous me refusez?

BOUCHARGARD.

Non, madame; mais je vois avec déplaisir que l'arrivée de ce monsieur mette ici tout le monde en l'air, et qu'avec votre rage de coquetterie, vous songiez à tourner la tête d'un homme que vous n'avez jamais vu.

MADAME MELCOURT.

En vérité, colonel, vous vous servez d'expressions...

BOUCHARGARD.

Eh! mordieu, madame!...

MADAME MELCOURT.

Ah! je vous y prends; voilà encore que vous jurez. Vous vous croyez toujours au régiment.

BOUCHARGARD.

Pardon, madame! ce n'est point une habitude de régiment; je l'ai prise ici, dans ce salon, près de vous.

MADAME MELCOURT.

Et comment cela?

BOUCHARGARD.

En jouant la comédie de société. C'est toujours moi qui faisais les colonels.

AIR des *Scythes*.

> Un colonel, qui parle à ses soldats,
> Sait commander, sans gros mots ni colère;
> Mais, au Gymnase, il ne penserait pas,
> S'il ne jurait, montrer du caractère.
> Y renoncer serait le mieux, je crois;
> Mais permettez que, malgré mon envie,
> Je jure encor une dernière fois...
> De vous aimer toute ma vie (*bis*).

MADAME MELCOURT.

Voilà qui est du dernier galant; mais je n'y crois guère. Un vrai soldat, qui a parfait son éducation au Gymnase, n'aime que la gloire et sa patrie.

BOUCHARGARD.

Nous aimons la patrie, cela est vrai, madame...

AIR *Pégase est un cheval qui porte.*

> Quand on doit le jour à la France,
> On lui doit d'être né Français ;
> Mon cœur bat de reconnaissance
> Pour sa gloire et pour ses succès.
> Quoi qu'il arrive ou qu'il advienne,
> Je garde jusqu'au dernier jour,
> A l'étranger toute ma haine,
> A mon pays tout mon amour.

Mais cela n'empêche pas ; un soldat aime la France ; il aime encore plus la femme qu'il chérit ; et si vous saviez la grandeur du mien !

MADAME MELCOURT, étonnée.

Du vôtre ?

BOUCHARGARD.

Ayez confiance en moi ; elle ne sera pas trompée !

MADAME MELCOURT, à part.

Pauvre colonel ! Voilà pourtant où mène la comédie de société ! (Haut.) Vous m'aimez, colonel ?

BOUCHARGARD.

Plus que ma vie, et, pour y parvenir...

MADAME MELCOURT, comme prenant un grand parti.

Eh bien...?

BOUCHARGARD.

Eh bien...

MADAME MELCOURT.

Eh bien, allez-moi me chercher mes boucles d'oreilles.

BOUCHARGARD.

J'y cours, madame; je vole et reviens.

SCÈNE III

MADAME MELCOURT, EMMELINE.

EMMELINE.

Vous l'épouserez, n'est-ce pas?

MADAME MELCOURT.

Vous y tenez?

EMMELINE.

C'est un si excellent homme.

MADAME MELCOURT.

Que ce sera sans doute un mari passable. Et puis cela donnera peut-être des idées à un certain M. Gustave qui ne s'occupe pas assez de nous.

EMMELINE.

Ah! il ne m'aime plus!

AIR du *Rosier fleuri*.

Autrefois, j'ai cru qu'il m'aimait;
Comme pour lui mon cœur soupire!

Sans le penser, il le disait ;
Je le pensais, sans le lui dire :
L'aveu que ma bouche taisait
Dans mes regards il le lisait ;
Pourquoi n'y veut-il donc plus lire ?

MADAME MELCOURT, achevant l'air.

C'est qu'il est rare qu'on désire
Relire un livre qu'on connaît.

Vous êtes trop bonne pour votre M. Gustave; il est trop sûr de vous. Croyez-vous que le colonel m'aimerait, comme il le fait, si je ne savais à propos piquer son amour-propre, irriter sa jalousie? Il ne m'adore jamais plus que lorsqu'il me déteste et menace de me tuer. Quand M. Gustave croira qu'il a près de vous un rival, vous le verrez redevenir ce qu'il était autrefois, empressé, galant, jaloux...

EMMELINE.

Je ne veux pas qu'il le soit.

MADAME MELCOURT.

Jaloux de vous plaire. Il faut à l'amour, pour qu'il se conserve, un grain de coquetterie. Il est bon d'être un peu coquette, rien qu'un peu.

EMMELINE.

Est-ce bien difficile?

MADAME MELCOURT.

Mais non; pas trop. Laissez-vous guider par moi, je réponds qu'avant quarante-huit heures votre infidèle est à vos pieds, désespéré et demandant sa grâce.

EMMELINE.

Je suivrai vos leçons ; mais l'épreuve ne durera pas trop longtemps.

SCÈNE IV

GUSTAVE, accourant, EMMELINE, MADAME MELCOURT.

GUSTAVE.

Eh bien, mesdames, vous ne serez jamais prêtes! il va venir! Quel jour! quel beau jour! J'en perdrai la tête. Je vais pouvoir lire mon vaudeville à M. Scribe. (Frappant sur sa poche.) J'en ai vingt, là, qui n'attendent qu'un mot de lui pour être joués. Je pourrai donc enfin voir marcher sur la scène les créations de mon cerveau, ces ravissantes jeunes filles, que j'ai empruntées au théâtre de Madame, et qui en ont fait la gloire.

AIR de la *Catacoua*.

Voyez ici, dans cette poche,
J'y porte tout un almanach
De jeunes filles sans reproche,
Isabelle, Hermance, Yelva.
Tant d'autres que le Gymnase aime,
Cécile, Agathe et Malvina,
   Et Georgina,
   Et Zanina,
Et cœtera, cœtera, cœtera!

MADAME MELCOURT, achevant l'air.

Et pourtant c'est toujours la même
Qui revient sous tous ces noms-là.

GUSTAVE.

Eh! mon Dieu, madame, est-ce que tous les cœurs de jeunes filles ne se ressemblent pas, comme tous les dénoûments de vaudeville? En ai-je déjà marié et béni, avec un couplet final, de ces amoureux tendres, sensibles, emportés mais discrets, et qui doivent à l'éducation que leur a donnée M. Scribe d'attendre sans trop d'humeur jusques à la dernière scène le couronnement de leurs flammes ou de leurs feux!

AIR *Que l'on est heureux près de celle...*

J'ai marié Gustave et Laure;
J'ai marié Jeanne et Raymond;
A Caroline qui l'adore
J'ai marié le bel Edmond;
J'ai fait plus de vingt bons ménages.

EMMELINE, à part et achevant l'air.

Il me semble qu'on devrait bien,
Quand on fait tant de mariages,
S'occuper un peu plus du sien.

(Haut et piquée.)

Venez, madame, je vous prie; M. Gustave a raison, nous avons autre chose à faire qu'à rester ici, où nous le gênons sans doute.

SCÈNE V

GUSTAVE, puis FLORVILLE.

GUSTAVE.

Je ne tiens plus en place! L'émotion... l'attente... la joie... (Apercevant Florville.) Mais quel est cet étranger? Dieu!... si c'était... Laissons-le venir.

FLORVILLE, à part.

Il a l'air bon enfant; on dit qu'il aime le théâtre; abordons-le. (Haut.) C'est à M. Gustave Germont, notre grand vaudevilliste, que j'ai l'honneur de parler?

GUSTAVE.

Vaudevilliste... inédit. Oui, monsieur.

FLORVILLE.

Un vaudevilliste.... avant la lettre; mais l'impression ne fait rien au talent; le vôtre en a produit une grande sur quelques-uns de mes amis, qui m'ont souvent parlé de vous.

GUSTAVE, à part.

Cet air... ce langage... c'est lui!

FLORVILLE.

Je m'appelle Florville et je suis artiste.

GUSTAVE, finement.

Dramatique?

FLORVILLE.

Dramatique. Je joue les pères nobles en province, et suis en représentation à Bourges. Tenez, monsieur, je n'y vais pas par quatre chemins, entre artistes! j'ai besoin de votre hospitalité pour un jour.

GUSTAVE.

Comment donc!

FLORVILLE.

Et même de votre bourse.

GUSTAVE, avec élan.

Tout ce que j'ai est à vous!

FLORVILLE.

Tant de générosité pour un inconnu...

GUSTAVE.

Inconnu! un homme dont le nom est célèbre dans toute l'Europe!

FLORVILLE, avec modestie.

Dans toute l'Europe! vous êtes bien bon. Il est vrai que je me suis acquis quelque gloire à Carpentras, à Aurillac et à Bourges. Ah! mon cher ami!

GUSTAVE.

Son cher ami!

FLORVILLE.

Je serais à Paris sans la cabale! mais il m'est arrivé

partout des aventures comme celle qui me procure le plaisir de faire connaissance avec vous. Je débutais hier dans *Michel et Christine*. Il y avait à l'orchestre trois ou quatre jeunes drôles qui causaient ensemble et parlaient plus haut que moi. Cela m'échauffa les oreilles. « Voulez-vous bien vous taire ! » leur dis-je en me tournant vers eux ; et, comme un grand murmure éclatait dans la salle : « Sans murmurer, » ajoutai-je. C'était un mot. Là-dessus des cris, des sifflets, des apostrophes : « A la porte ! à la porte ! des excuses ! » Je me sauve dans les coulisses ; j'y trouve un monsieur qui gesticulait et criait très-fort ; je crie plus fort que lui ; il s'élance sur moi...

GUSTAVE, riant.

Un duel !

FLORVILLE.

A coups de poing ! que je reçois. On veut me conduire au poste, je m'échappe, et me voilà, sans un sou, sans engagement, et à la veiller d'aller en prison.

GUSTAVE, à part, avec admiration.

Il n'y a que lui pour imaginer de pareilles histoires ? (Haut.) Vous devez mourir de faim ?

FLORVILLE.

Je vous en réponds.

GUSTAVE. (Il sonne.)

En attendant qu'on prépare un déjeuner qui soit digne de vous, on va vous servir quelque chose. (Au domestique.

François, servez monsieur. (Bas.) Va dire à mon oncle que M. Scribe est arrivé sous le nom de Florville.

FLORVILLE, à part.

Eh bien, il est bon enfant!

GUSTAVE, à Florville, qui trempe un biscuit dans un petit verre.

Voyons, là, entre nous, vous pouvez bien me dire cela, Florville n'est pas votre nom véritable?

FLORVILLE.

Mon Dieu, non, vous savez, au théâtre... C'est un nom que j'ai pris...

GUSTAVE, très-finement.

Pour jouer la comédie?

FLORVILLE.

Pour jouer la comédie.

GUSTAVE.

J'ai fait moi-même, tout en suivant mon cours de droit, quelques vaudevilles. (Il les tire de sa poche.) Seriez-vous assez bon pour y jeter un coup d'œil?

FLORVILLE.

Trop heureux de...

GUSTAVE.

Et pour me prêter le secours de vos lumières, de votre expérience?

FLORVILLE.

Avec le plus grand plaisir.

GUSTAVE.

Ce sont de tout petits vaudevilles, mais dont on pourrait aisément faire de grandes comédies en cinq actes, pour le Théâtre-Français.

FLORVILLE.

En retranchant les couplets; je connais

GUSTAVE.

Nous en avons joué quelques-uns, ici même. Vous le voyez, cette salle est admirablement disposée pour cela : quatre portes à droite; trois cabinets noirs, où il est facile de se cacher; trois grandes fenêtres à balcon; deux portes dérobées; un double corridor; oh! il ne manque rien!

FLORVILLE.

Pardon! une trappe; il manque une trappe.

GUSTAVE, stupéfait, à part.

Le coup d'œil du génie! (Haut.) C'est juste. Nous la ferons faire.

SCÈNE VI

MADAME GERMONT, MELCOURT, EMMELINE, entrant, GUSTAVE, FLORVILLE.

CHŒUR D'ENSEMBLE.

AIR *Pour l'honneur de la France.*

TOUS, excepté FLORVILLE.	FLORVILLE.
Quelle visite aimable!	Dieu! quel visage aimable
Nous sommes glorieux	Se présente à mes yeux!
Qu'un destin favorable	Un destin favorable
Vous conduise en ces lieux!	M'a conduit en ces lieux!

GERMONT.

C'est un beau jour pour mon humble château que le jour où il reçoit dans ses murs un homme qui... un homme que... un homme enfin comme monsieur... monsieur...

(Il cherche le nom.)

FLORVILLE.

Florville.

GERMONT, riant.

Très-joli! très-joli! M. Florville.

FLORVILLE, étonné.

Qu'ont-ils donc tous? Ils me regardent comme une bête curieuse.

MADAME MELCOURT, bas à Emmeline.

Voilà votre affaire, ma chère enfant. Il faut qu'avant deux heures M. Gustave soit jaloux, à en perdre la tête, de ce nouveau venu.

EMMELINE.

C'est qu'il ne me fait pas l'effet d'être très-jeune, le nouveau venu.

MADAME MELCOURT.

Le génie n'a pas d'âge.

EMMELINE.

Il paraît qu'il n'a pas non plus beaucoup de figure.

MADAME MELCOURT.

Laissez-moi faire; vous vous en trouverez bien.

GERMONT, continuant une conversation avec Florville.

Oui, monsieur, ce domaine m'a coûté d'achat cent cinquante mille écus net; j'y ai dépensé cent mille francs de réparations et d'embellissements : depuis lors les propriétés ont doublé de valeur; je vous laisserais néanmoins la mienne à quatre cent mille francs, parce que c'est vous.

FLORVILLE, comme entrant dans la plaisanterie.

Quatre cent mille francs! vous êtes bien bon! c'est pour rien !

GERMONT, à part.

Voilà bien ces artistes! je lui aurais demandé cinq

cent mille francs, il les eût donnés sans compter. Je suis fâché de ne pas l'avoir fait.

FLORVILLE.

Je vous avouerai que, pour le moment, je n'ai pas quatre cent mille francs sur moi; vous savez qu'on n'est pas toujours en argent comptant.

GERMONT.

Qu'à cela ne tienne! nous vous donnerons du temps! nous nous entendrons toujours!

FLORVILLE.

Eh bien, ça ne fera pas de mal, parce que, jusqu'à présent...

GUSTAVE.

Mon oncle fera tout pour être agréable à un grand homme.

FLORVILLE, à part.

Un grand homme! l'oncle et le neveu m'ont l'air d'être un peu fous; mais c'est une folie douce!

GERMONT.

Et vous goûterez mon vin! J'ai une cave... une cave... Vous m'en direz des nouvelles. Personne ne s'en occupe que moi; permettez-moi d'y aller faire un tour avant le déjeuner. Viens avec moi, Gustave!

(Ils sortent.)

SCÈNE VII

FLORVILLE, MADAME MELCOURT, EMMELINE, puis GERMONT.

FLORVILLE.

En vérité, madame, ce domaine est un des plus magnifiques que je connaisse. Tout ce que j'en ai pu voir m'a séduit, enchanté; le château est admirable.

MADAME MELCOURT, indiquant Emmeline d'un coup d'œil.

Ce n'est pas encore ce que nous avons de mieux ici.

FLORVILLE, très-galant, regardant Emmeline.

Je le vois bien; mais je n'aurais pas osé le dire. Que n'oublierait-on pas en admirant ce charmant et frais visage, où brillent les plus beaux yeux du monde, pleins de douceur et d'expression.

MADAME MELCOURT, bas, à Emmeline.

Répondez-lui donc.

EMMELINE, de même

Je ne sais que dire.

MADAME MELCOURT, de même.

Dites-lui qu'il a une tête de génie.

EMMELINE.

Vous êtes trop aimable, monsieur; il n'est pas étonnant que, lorsque l'on a une imagination aussi féconde que la vôtre, on voie les choses plus belles qu'elles ne sont.

FLORVILLE.

Plus belles! mademoiselle, mais la parole pourra-t-elle jamais égaler tant de grâces modestes et touchantes? On ne trouve qu'au fond de la province ces aimables fleurs de beauté qui croissent mystérieusement à l'ombre de la maison paternelle et parfument les lieux où elles s'épanouissent.

MADAME MELCOURT, à part.

Le feu est aux poudres! (Haut.) Vous êtes galant, monsieur! (A demi-voix.) Savez-vous bien qu'Emmeline est unique héritière!

FLORVILLE, à part.

L'un qui m'offre le château! l'autre qui a l'air de m'offrir la fille! on me parle de mon génie, de mon imagination! tout cela est bien singulier! Me prendrait-on pour un autre?

EMMELINE.

Vous paraissez rêveur?

MADAME MELCOURT.

Rêveur! avouez que cela est bizarre chez le premier de nos auteurs comiques.

FLORVILLE, à part.

Est-ce qu'on me prendrait pour Molière? Cela n'est pas probable. (Haut.) Oh! madame, le premier...

MADAME MELCOURT.

Ah! nous avons bien souvent joué des pièces qui vous touchent de près.

FLORVILLE, vivement.

Et lesquelles?

MADAME MELCOURT.

Michel et Christine, l'Ours et le Pacha.

FLORVILLE, à part.

Il paraît que je m'appelle Scribe! (haut.) Mais, madame, je ne suis pour rien dans ces pièces.

MADAME MELCOURT, riant.

Allons, votre incognito est trahi; prenez-en votre parti de bonne grâce.

FLORVILLE.

Mais je ne sais si je dois...

GERMONT, entrant.

Le déjeuner est servi : à table!

FLORVILLE, à part.

Bah! ce mot me décide; je suis Scribe.

AIR *Le premier pas.*

Pour déjeuner
Il n'est rien qu'on ne fasse;
Scribe saura comprendre et pardonner :
Je lui prêtai si souvent de ma grâce
Que je puis bien prendre aujourd'hui sa place
Pour déjeuner (*bis*).

(Offrant son bras à Emmeline.)

Mademoiselle!

GERMONT.

Je vous ai mis entre madame et ma fille. Vous ne serez pas malheureux.

(Ils remontent la scène en causant. Entrent par la droite Victor et un domestique.)

SCÈNE VIII

VICTOR, LE DOMESTIQUE, puis SCRIBE.

LE DOMESTIQUE.

On est à table, monsieur Scribe.

VICTOR.

C'est bien; ne dérangez personne : j'attendrai. (Le domestique sort.) Enfin! me voilà dans la place! attention! Vous saurez qu'il y a trois jours mon patron me dit : « Victor Durousseau, mon ami, M. Scribe a envie d'acheter une propriété près de Bourges ; il ne peut pas la visiter lui-même ; il faudra que tu y ailles à sa place. » A ces mots, mon imagination travaille; je me rappelle *les Deux Précepteurs;* si, au lieu de me présenter sous ce nom de Durousseau, qui fait pauvre figure, je prenais celui de M. Scribe! Les gens de Bourges ne le connaissent pas ; d'ailleurs, leur réputation est faite: ce sont des... provinciaux! Quels yeux ils vont ouvrir, quand on leur annoncera : « M. Scribe, de l'Académie française! » Quels dîners ils m'offriront! Comme je vais rire et boire à leurs dépens! C'est cela, morbleu ! place, place, s'il vous plaît, c'est moi qui suis Scribe !

AIR *J'ai longtemps parcouru le monde* (de *Joconde*).

J'ai semé sur toutes les scènes,
Aux yeux des gens émerveillés,
Les grandes pièces par centaines,
Les vaudevilles par milliers.
Je suis lu de l'Europe entière;
Schlegel me place avant Molière,
Et l'Espagne a mis sur mon front
Le laurier vert de Calderon.

J'ai pu prendre, sans qu'on en gronde,
Durant quarante ans de succès,
Mon art d'intrigue à Beaumarchais,
Mes mots plaisants à tout le monde,
Et mon style aux portiers français.
Grâce à la camaraderie,
J'ai vu la docte Académie,
Pour le théâtre et les faiseurs
Désarmant enfin ses rigueurs,
Couronner en moi le génie
De mes cent collaborateurs.

Je les ai laissé à l'écart,
Et du lion j'ai pris la part;
    Car
J'ai semé sur toutes les scènes,
Aux yeux des gens émerveillés, etc.

CANTABILE.

De pauvres fous épris de poésie
Chantent l'amour et les fiers dévoûments;
Mais moi qui sais et mon siècle et la vie,
Je dis sans cesse : « Amants, jeunes amants,
Vit-on d'eau claire et de beaux sentiments?

L'argent! l'argent! c'est le solide;
Prendre son intérêt pour guide,
Faire une fortune rapide
Et se marier par raison,
C'est le bonheur de la maison. »
Ainsi disais-je; et, comme on sait,
Monsieur Prudhomme applaudissait;
Car
J'ai semé sur toutes les scènes,
Aux yeux des gens émerveillés, etc.

Que je vais donc m'amuser! ai-je ri de la bonne figure que tout le monde a faite dans la diligence, quand le conducteur a crié mon nom : (Imitant sa voix.) « Eugène Scribe! » Ils étaient tous à peindre. Il n'y avait qu'un petit vieillard, qui souriait d'un air très-malin en me regardant, comme s'il se fût moqué de moi. Il m'a gêné tout le long de la route. Mais, grâce à Dieu! j'en suis délivré! il avait probablement lu sur ma malle mon nom de Victor Durousseau, que j'avais eu l'imprudence d'y laisser.

LE DOMESTIQUE, en dehors.

Par ici, monsieur, par ici.

VICTOR, qui a regardé.

Bon! mon vieillard de la diligence!

LE DOMESTIQUE, à Scribe, qui entre.

Qui aurai-je l'honneur d'annoncer?

SCRIBE, très-naturellement.

M. Victor Durousseau.

VICTOR, stupéfait.

Vous vous appelez Victor Durousseau?

SCRIBE.

Qu'y a-t-il là de si étrange? Vous vous appelez bien M. Scribe.

VICTOR, à part.

Diable d'homme, il m'ennuie.

LE DOMESTIQUE.

On est encore à table, monsieur ; mais je vais...

SCRIBE.

Ne dérangez personne; je sors un moment et reviens. (Il salue ironiquement Victor.) Je présente mes respects à M. Eugène Scribe.

VICTOR, seul.

Diable d'homme! diable d'homme! Mais je suis trop avancé maintenant pour reculer.

SCÈNE IX

VICTOR, GUSTAVE, puis FLORVILLE.

GUSTAVE, riant.

C'est à M. Scribe que j'ai l'honneur de parler ?

VICTOR.

De l'Académie française, oui, monsieur.

GUSTAVE, riant toujours.

C'est ce que vient de me dire le domestique. La plaisanterie est bonne; elle est très-bonne.

VICTOR, intrigué.

La plaisanterie ?

GUSTAVE.

C'est une chose convenue avec lui, n'est-ce pas ? Vous deviez prendre son rôle, et lui... Ah! la plaisanterie est excellente. (Il lui prend très-familièrement le bras.) Vous n'êtes pas plus M. Scribe que moi. (Mouvement de Victor.) J'en étais sûr; M. Scribe est ici.

VICTOR, comme illuminé.

C'est le petit vieux !

GUSTAVE.

Pas déjà si petit. (Florville entre.) Eh! tenez, le voilà !

VICTOR, stupéfait.

Lui !

GUSTAVE, riant, à Florville en lui montrant Victor.

Je vous présente M. Scribe, de l'Académie française. (Mouvement de Florville.) Je vous laisse ensemble; vous devez avoir à causer de vos petites affaires... Ah! elle est bonne, elle est très-bonne!

(Il se sauve en riant.)

SCÈNE X

VICTOR, FLORVILLE.

(Ils sont chacun à un bout de la scène, très-interdits et embarrassés.)

FLORVILLE, à part.

Il arrive mal à propos. Voilà le chef d'emploi revenu; il n'y a pas moyen de garder le rôle; je n'aurai pas tenu les Scribe bien longtemps.

VICTOR, à part.

C'est jouer de malheur ! Il faut que la première personne sur qui je tombe, ce soit lui. Ma campagne commence bien !

TOUS DEUX ENSEMBLE.

AIR de *la Cligne musette.*

> Que dois-je dire et faire
> Dans un tel embarras?
> Je tremble et ne sais pas
> S'il est fort en colère.

FLORVILLE, à part.

Bah! il rira de la méprise. Je m'en vais profiter de la circonstance pour lui demander sa protection et un rôle. (Haut.) Monsieur...

VICTOR, saluant.

Monsieur... (A part.) Comment tout cela va-t-il finir et que dira mon patron ?

FLORVILLE.

Je me félicite de la circonstance, fort imprévue, qui me donne occasion de faire connaissance avec vous. Vous devez avoir sans doute quelque acte en train ou terminé ?...

VICTOR, à part.

Il veut parler de l'acte de vente. (Haut.) Oui, monsieur, il y a un acte de fait; mais je ne l'ai pas dans mon portefeuille, il est resté sur mon bureau.

FLORVILLE.

Oserai-je vous demander combien il y a de rôles?

VICTOR, à part.

De rôles?... On m'avait bien dit qu'il était méticuleux en affaires ! (Haut.) Mais, autant que je puis me rappeler, l'acte doit avoir douze rôles.

FLORVILLE.

Oh ! mais alors, c'est un acte corsé.

VICTOR.

Corsé?... Ah ! oui ; vous voulez dire un acte conséquent.

FLORVILLE.

Allez-vous bientôt le mettre à l'étude?

VICTOR.

Il y est, à l'étude.

FLORVILLE.

Ah! déjà; c'est fâcheux.

VICTOR.

Vous auriez désiré le lire?

FLORVILLE.

Je vous avouerai qu'en effet...

VICTOR.

Mais alors, monsieur, je le récrirai pour vous.

FLORVILLE.

Tant de complaisance...

VICTOR.

Mais, monsieur, je vous en supplie, ne révélez pas à mon patron une étourderie de jeune homme. J'ai eu tort de prendre votre nom; mais, si vous faites une plainte, je perdrai ma place de second clerc, qui est ma seule ressource.

FLORVILLE, qui s'est remis, peu à peu de son étonnement, avec dignité.

Jeune homme, votre franchise m'a touché; vous auriez dû tout me dire plus tôt; vous m'auriez épargné bien des incertitudes. Ah! je vous le dis franchement, je ne savais pas trop ce que j'avais à faire; mais, du moment que vous avouez...

VICTOR.

Vous pardonnez?

FLORVILLE.

A une condition : vous resterez Scribe pour tout le monde.

VICTOR.

Mais je ne le suis déjà plus pour personne.

FLORVILLE.

Vous serez le Scribe officiel. Il ne me plaît pas de quitter le nom de Florville que je me suis donné; j'ai mes raisons; je tiens à garder les bénéfices de l'incognito. (A part.) On ne sait pas ce qui peut arriver. (Haut.) Si vous manquez à ma recommandation, j'écris au patron ce soir même.

VICTOR, à part.

Me voilà condamné au Scribe à perpétuité. Dans quelle galère me suis-je fourré là !

SCRIBE, à la cantonade.

Et je vous dis, moi, Victor Durousseau, que vous m'ennuyez.

FLORVILLE, regardant.

Il parle à une dame ! Il paraît qu'il n'est pas très-poli, M. Victor Durousseau.

VICTOR, à part.

Dieu ! que cet homme m'agace !

SCÈNE XI

FLORVILLE, VICTOR, SCRIBE.

SCRIBE, entrant en scène.

Ah! l'on croit que moi, Victor Durousseau, je suis un niais. Cela est vrai; je fais quelquefois des sottises, comme tout le monde; mais, mon père, Jean Durousseau, me disait souvent : « Écoute, Victor Durousseau... »

VICTOR, furieux et se contenant.

Mon Dieu, monsieur, ne pourriez-vous parler sans dire ainsi votre nom à tout moment?

SCRIBE.

Je ne croyais pas que le nom de Victor Durousseau vous gênât, mais j'en suis fâché pour vous. Lorsqu'on porte un nom comme celui de Victor Durousseau, ce n'est pas pour le cacher, et, comme le disait si bien mon oncle Joachim Durousseau...

VICTOR, à part.

J'éclaterais! (Haut.) Pardon, monsieur. Je vous laisse, j'ai affaire.

(Il sort.)

FLORVILLE.

Vous avez mis en fuite M. Scribe.

SCRIBE.

J'en suis désolé! car c'est un homme dont j'estime fort le talent.

FLORVILLE.

Oui! il en a eu beaucoup.

SCRIBE.

Il en a eu?

FLORVILLE.

Dame! tout le monde reconnaît qu'il baisse?

SCRIBE, un peu ému.

Et tout le monde se trompe! M. Scribe écrit aujourd'hui comme il écrivait il y a vingt ans; ce n'est pas lui qui a changé, c'est le goût public. Disons mieux: le public lui est resté fidèle, il s'amuse à ses pièces tout comme autrefois. C'est le journalisme qui le poursuit de ses critiques malveillantes. Tant d'années de succès ont lassé son bon vouloir. Il s'ennuie d'entendre appeler Aristide le juste. Il lui reproche de barrer le chemin aux jeunes talents. (S'animant de plus en plus.) Où sont-ils ces jeunes talents? qu'ils se montrent! M. Scribe leur cédera la place. S'est-il mis en travers des triomphes de M. Dumas fils, de M. Ponsard, de M. Augier? Qu'on me cherche les autres! Ceux qui se plaignent qu'il encombre la scène, que ses pièces étouffent leur gloire, sont précisément les mêmes hommes qui viennent dans son antichambre mendier l'aumône d'une collaboration. Et pourquoi donc laisserait-il ouverte une succession que personne encore n'est prêt à prendre ? Il travaille jusqu'au bout, comme a fait Sophocle, comme ont fait Corneille et Voltaire, à qui on ne l'a point reproché. Vous pouvez siffler ses pièces, si elles vous ennuient; mais laissez le public s'y plaire, et n'incriminez pas ses intentions. (Avec une émotion toujours croissante.) Vous dites qu'il ne change pas sa manière : non, sans doute, mais j'en ai dans mon temps apporté une nouvelle...

FLORVILLE, étonné.

Comment ?

SCRIBE, se reprenant.

Pourrait-il dire : « Faites comme moi, au lieu de crier contre la mienne. Tant que vous n'en aurez point d'autres, laissez-moi croire qu'elle est bonne. » Est-il donc vrai, d'ailleurs, que toute l'œuvre de Scribe soit ainsi jetée dans le même moule ? Il y a loin, j'imagine, du *Solliciteur* au *Mariage de raison*; *l'Ours et le Pacha* ne ressemble guère à *la Camaraderie*. Ouvrez le répertoire moderne, y trouvez-vous rien qui soit comparable à ces quatre chefs-d'œuvre si divers ! Ah ! monsieur, ce n'est point la fortune qui n'aime pas les vieillards, c'est la malignité humaine, toujours envieuse et impatiente, dont les yeux sont importunés de la fortune et de la gloire d'autrui; et les anciens avaient bien raison, qui ont dit ce mot d'une vérité si mélancolique : « Ceux-là sont aimés de Dieu qui meurent jeunes ! » (Changeant tout d'un coup de ton.) C'est du moins ce que disait mon oncle Joachim Durousseau.

FLORVILLE, étonné, à part.

Ce ton... ce langage... Singulier vieillard!...

SCÈNE XII

GERMONT, VICTOR, MADAME MELCOURT, EMMELINE
Les Mêmes.

VICTOR, à Germont.

Délicieux! ravissant! ces bois sont admirables!

GERMONT.

L'autre côté du parc est peut-être encore plus beau.

SCRIBE, s'avançant.

M. Germont, sans doute?

GERMONT.

Lui-même, monsieur.

SCRIBE.

Je m'appelle Victor Durousseau, fils de Jean Durousseau, neveu de Joachim Durousseau.

VICTOR.

Dieu! que cet homme m'agace!

SCRIBE.

J'ai appris que vous désiriez vendre Francheville. Je

vous demanderai, monsieur, la permission de visiter le domaine.

GERMONT.

Justement, nous sommes en train. Si vous voulez vous joindre à nous, ainsi que monsieur... monsieur...

FLORVILLE.

Florville.

GERMONT.

Florville, vous nous ferez grand plaisir.

(Ils remontent tous la scène. Florville offre son bras à Emmeline.)

MADAME MELCOURT, à Gustave.

Restez donc, j'ai à vous parler.

SCÈNE XIII

MADAME MELCOURT, GUSTAVE.

MADAME MELCOURT.

Il me semble que vos actions baissent, mon pauvre ami.

GUSTAVE.

Qu'entendez-vous par là?

MADAME MELCOURT.

Mais Emmeline m'a parlé tout à l'heure de M. Florville.

GUSTAVE.

De M. Scribe?

MADAME MELCOURT.

De M. Scribe, si vous l'aimez mieux, avec un enthousiasme, un feu...

GUSTAVE.

C'est de l'admiration.

MADAME MELCOURT.

Chez les femmes, voyez-vous, l'admiration n'est pas loin d'un autre sentiment. Avez-vous remarqué comme, au déjeuner, il était empressé pour elle?

GUSTAVE.

C'est vrai; il l'accablait de compliments...

MADAME MELCOURT.

Qu'elle avait l'air de recevoir avec le plus grand plaisir. Tout à l'heure ne lui a-t-il pas offert le bras pour s'aller promener? Eh! tenez (elle regarde par la fenêtre), les voyez-vous, là-bas, avec quelle vivacité ils se parlent!

GUSTAVE, très-vivement.

Mais je ne souffrirai pas cela; car enfin, c'est ma cousine, et je dois...

MADAME MELCOURT.

Cela va sans dire; c'est votre cousine [1].

(Gustave s'échappe.)

---

[1] Il est facile de voir que cette scène n'est qu'indiquée, comme plusieurs autres. L'auteur renvoie, pour les développements, aux vaudevilles mêmes de M. Scribe.

SCÈNE XIV

MADAME MELCOURT, seule, puis **EMMELINE**.

MADAME MELCOURT.

Et le voilà parti! j'en étais sûre. Les hommes sont tous les mêmes. Je parie qu'en ce moment ce pauvre colonel enfonce rageusement ses éperons dans le ventre de son cheval. Il me donnera de belles épithètes au retour; mais il ne m'en aimera que mieux après.

EMMELINE, entrant.

Vous me demandez, madame?

MADAME MELCOURT.

Qui vous a dit cela?

EMMELINE.

C'est mon cousin. J'étais au bras de M. Florville; il a tourné quelque temps autour de nous, puis il m'a dit : « Madame Melcourt veut vous dire deux mots; » mais d'un air si brusque, si fâché... Que peut-il bien avoir?

MADAME MELCOURT.

C'est à merveille. Et M. Florville a-t-il été galant pour vous?

EMMELINE.

Je crois bien; il est drôle, allez. Il parle comme dans

les vaudevilles. Imaginez qu'il m'a dit que, si je ne consentais pas à l'écouter, il se brûlerait la cervelle. Il m'a donné un rendez-vous sous les tilleuls.

MADAME MELCOURT.

Avez-vous accepté?

EMMELINE.

Oh! non.

MADAME MELCOURT.

Mettez-vous à cette table et écrivez. (Cherchant.) Dans une chambre où l'on a joué le vaudeville, il y a toujours une table et tout ce qu'il faut pour écrire. (Dictant.) « Monsieur, je sens que j'ai tort; mais je serais trop malheureuse d'avoir votre mort sur la conscience. Attendez-moi. »

EMMELINE.

Je n'écrirai jamais cela.

MADAME MELCOURT.

Aimez-vous mieux perdre votre cousin?

EMMELINE, écrivant.

« Attendez-moi. » — Faut-il signer?

MADAME MELCOURT.

C'est inutile. (Elle sonne. — Entre le domestique.) Voici un billet que vous remettrez à M. Scribe.

LE DOMESTIQUE.

Le grand maigre?

MADAME MELCOURT.

Oui; vous le lui remettrez avec un grand air de mystère, mais de façon à être vu; et vous vous laisserez prendre le billet. Vous comprenez?

LE DOMESTIQUE.

Oui, madame.

(Elles sortent.)

SCÈNE XV

LE DOMESTIQUE, puis BOUCHARGARD.

LE DOMESTIQUE.

A-t-elle toujours des inventions! Si jamais ce pauvre colonel s'enrôle chez elle dans le régiment des maris, il en verra de grises.

BOUCHARGARD, de très-mauvaise humeur.

Enfin, me voilà! J'ai été retenu à Bourges par la plus sotte aventure!... Un comédien, qui a mis toute la ville en révolution; il s'est sauvé sans payer ses dettes, et on le cherche partout. Il m'a fallu donner des ordres, prêter mes hommes. (Au domestique.) Où est-on?

LE DOMESTIQUE.

Dans le parc, mon colonel. M. Scribe est arrivé.

BOUCHARGARD.

Toutes les têtes doivent être à l'envers.

LE DOMESTIQUE.

Je crois bien. (Mystérieusement.) Même que j'ai un petit billet à lui remettre en cachette, sans que ce soit en cachette.

BOUCHARGARD, avec violence.

De qui?

LE DOMESTIQUE.

De madame Melcourt.

BOUCHARGARD, avec un sang-froid contraint.

Ah! de madame Melcourt? Peut-on voir le billet? (Mouvement d'hésitation du domestique.) Donne-le donc, drôle!

LE DOMESTIQUE.

Le voilà, mon colonel, le voilà. (A part.) A-t-il l'air furieux!

BOUCHARGARD, après avoir lu.

C'est bien. Va-t'en. Je ferai ta commission. — Eh bien, il paraît que j'arrive à temps! Voilà donc pourquoi l'on m'envoyait à Bourges chercher une parure dont on n'avait nul besoin. Je voudrais que ce monsieur me tombât sous la main. (Victor entre précipitamment.) Mais quel est cet inconnu?

SCÈNE XVI

BOUCHARGARD, à l'écart, observant; VICTOR.

VICTOR.

Je ne pouvais plus y tenir : ce diable d'homme n'a durant une grande heure dit et fait que des sottises, en répétant à chaque phrase : « C'est moi, Victor Durousseau ; » ou : « Comme disait mon père Jean Durousseau; » et son oncle Joachim Durousseau, et son cousin Bonaventure Durousseau. Toute ma famille y a passé : j'étais furieux, exaspéré ; et pas moyen de quitter ce nom de Scribe, et de lui dire en face : « Rends-moi mon nom, voleur que tu es, puisque tu le déshonores. »

BOUCHARGARD, s'avançant.

C'est vous qui êtes M. Scribe?

VICTOR.

Non... c'est-à-dire oui, c'est moi qui m'appelle Scribe.

BOUCHARGARD.

Ah! c'est vous qui vous appelez Scribe. Eh bien, je suis le colonel Bouchargard, moi.

VICTOR.

Je vous en félicite.

BOUCHARGARD.

Savez-vous, monsieur, que je n'aime pas la plaisanterie, même lorsqu'elle est bonne? Savez-vous que vous aurez affaire à moi? savez-vous...?

VICTOR.

Eh! laissez-moi tranquille!

BOUCHARGARD.

Il faut que nous nous coupions la gorge ensemble.

VICTOR, exaspéré.

Ah! c'est par trop fort; mais j'aime mieux ça: j'éprouve des démangeaisons de passer ma fureur sur quelqu'un. Je suis votre homme, colonel.

BOUCHARGARD.

Dans une heure, derrière la maison, à l'épée.

VICTOR, à part.

Ça va bien, ça va bien. Ça m'a joliment réussi de prendre le nom de Scribe!

SCÈNE XVII

GUSTAVE, BOUCHARGARD, VICTOR.

GUSTAVE, à Bouchargard, qui remonte.

Vous voilà, colonel.

BOUCHARGARD, d'un air sombre.

Vous serez mon témoin.

GUSTAVE.

Eh! grand Dieu, contre qui?

BOUCHARGARD.

Contre monsieur : voilà la lettre qu'on lui écrit; regarde. — Je vais chercher des armes.

(Il lui donne la lettre et sort.)

GUSTAVE.

Mais c'est l'écriture de ma cousine! Mais ce n'est pas le colonel, c'est moi que l'affaire regarde! (S'avançant sur Victor.) Monsieur, votre procédé est inqualifiable. Comment! vous venez ici sous un faux nom; car enfin, nous le savons tous, vous n'êtes pas M. Scribe; et vous en profitez pour... Je vous le dis, monsieur, c'est indigne.

VICTOR.

A qui diantre en avez-vous?

GUSTAVE.

A vous, monsieur, qui me rendrez raison de votre conduite, et sur l'heure.

VICTOR.

Je ne peux pourtant pas me battre avec tout le monde.

GUSTAVE.

Je ne suis pas tout le monde, et vous vous battrez avec moi.

VICTOR, furieux.

Eh! monsieur, comme vous voudrez. (A part.) C'est ici l'hôpital des fous.

SCÈNE XVIII

GERMONT, GUSTAVE, VICTOR.

GERMONT.

Ma foi, messieurs, je me sauve, je n'en puis plus. C'est un terrible hôte que ce Victor Durousseau. Il a passé deux heures à me crier son nom dans les oreilles, en coupant mes fleurs, en cassant mes cloches, en écrasant la patte de mon chien. Je sais enfin ce qu'il est : il paraît qu'il a une place de second clerc chez maître Chaboulot, notaire à Paris. Je m'en vais écrire à son patron pour lui faire mes compliments.

VICTOR, exaspéré.

Mais, monsieur, et ma place?

GERMONT.

Comment, votre place?

VICTOR.

Je vous dis que vous allez lui faire perdre sa place.

GERMONT.

Eh! tant pis pour lui!

SCRIBE, dans la coulisse.

C'est moi qui vous l'affirme! moi, Victor Durousseau, fils de Jean Durousseau.

GERMONT.

Je l'entends qui vient; je m'en vais. Je ne pourrais pas me retenir.

SCÈNE XIX

SCRIBE, GUSTAVE, VICTOR.

VICTOR, s'élançant au-devant de Scribe.

Qui vous a donné le droit de compromettre ainsi le nom que vous portez? C'est une infamie, monsieur.

SCRIBE.

Comment, monsieur, est-ce que ce nom ne m'appartient pas? n'en puis-je pas faire ce que bon me semble?

VICTOR.

Monsieur... monsieur!...

SCRIBE.

J'ai trouvé ce nom qui traînait par terre, sans que personne le réclamât ni eût l'air de s'en soucier, je l'ai recueilli; il est ma propriété, ma chose; personne n'a rien à y voir.

VICTOR.

C'est bien, monsieur, vous plaisantez avec beaucoup de grâce. Mais vous me rendrez raison aujourd'hui même.

SCRIBE.

Un duel!

GUSTAVE, stupéfait.

Et de trois! il a le diable au corps!

VICTOR.

Oui, monsieur, un duel, et un duel à mort. Ça m'est égal, je n'ai plus rien à ménager.

SCRIBE, lui tournant le dos et s'en allant.

J'attendrai pour vous répondre que vous ayez un peu calmé vos esprits et recouvré votre bon sens.

VICTOR, le suivant.

Non, monsieur, c'est tout de suite, entendez-vous; c'est tout de suite.

(Leurs voix se perdent dans le lointain.)

SCÈNE XX

GUSTAVE, puis EMMELINE.

GUSTAVE.

Si j'y comprends un mot, je veux être étranglé. Que d'aventures, bon Dieu! tout cela est plus embrouillé que le meilleur de mes vaudevilles! Il faut que tout le monde ait perdu le sens. Et Emmeline elle-même! la perfide! l'imprudente! écrire à un inconnu. (Emmeline entre.) C'est elle. (Avec dépit.) Ce n'est pas moi sans doute que vous cherchiez ici, mademoiselle?

EMMELINE.

Je ne suis donc plus votre cousine aujourd'hui?

GUSTAVE.

Non, perfide, vous ne m'êtes plus rien. Il a suffi qu'un inconnu...

EMMELINE.

Un inconnu! M. Scribe! l'un des hommes les plus célèbres de son temps!

GUSTAVE.

C'est un inconnu célèbre, et voilà tout. Il a suffi qu'il vous parlât deux fois pour vous tourner la tête. Vous avez tout oublié en un instant, vos serments d'autrefois...

EMMELINE.

Vous en souveniez-vous?

GUSTAVE.

Si je m'en souvenais! mais je n'ai jamais aimé que vous. Pour qui voulais-je conquérir la fortune et la gloire; c'était pour vous, pour vous seule. Je voulais venir un jour mettre tout à vos pieds, et vous dire :

AIR *J'ai vu le Parnasse des dames.*

Chère Emmeline, je vous aime!

EMMELINE.

Le voilà donc, ce mot si doux!

GUSTAVE.

Et vous, m'aimeriez-vous de même?

EMMELINE.

N'ai-je pas dit souvent : Et vous?

GUSTAVE.
Qu'un baiser, gage de ma flamme...
EMMELINE.
Non, je ne puis pas l'accorder.
GUSTAVE.
Quand on aime du fond de l'âme...
EMMELINE.
On le prend sans ₌ demander.

Ah! que vous êtes bonne!

(Au moment de l'embrasser, la porte s'ouvre; Scribe entre, Emmeline jette un cri et se sauve.)

SCÈNE XXI

SCRIBE, GUSTAVE.

SCRIBE.

Et l'on prétend que ces choses-là n'arrivent que dans les vaudevilles. Il paraît, jeune homme, que je suis entré assez mal à propos.

GUSTAVE, transporté.

Vous voyez le plus heureux des hommes! ma cousine m'aime et n'a jamais aimé que moi. M. Scribe m'a promis de lire et d'appuyer mon vaudeville.

SCRIBE.

Ah! vraiment, M. Scribe a promis cela?

GUSTAVE.

Pas le faux Scribe; le vrai, le seul Scribe.

SCRIBE.

Bah! pas possible.

GUSTAVE.

C'est comme j'ai l'honneur de vous le dire. Car nous avons ici deux Scribe : l'un qui a pris le nom sans l'être, l'autre qui l'est sans en avoir le nom.

SCRIBE, à part.

Vous verrez qu'il n'y aura plus que moi qui ne serai pas Scribe!

GUSTAVE.

Quel est ce bruit?

SCÈNE XXII

TOUS LES ACTEURS PRÉCÉDENTS, plus UN GENDARME, avec qui le colonel semble causer; SCRIBE se retire au fond.

CHOEUR D'ENSEMBLE.	LE GENDARME.
Quel est ce gendarme?	Messieurs, pas d'alarme;
D'où vient cette alarme?	Car je suis gendarme;
Quel est ce gendarme?	Messieurs, pas d'alarme
Qui l'amène ici?	Et pas de souci.

LE GENDARME, avec un accent provençal.

Oui, mon colonel, je sais par des renseignements sûrs que celui que nous cherchons est dans ce château.

FLORVILLE, à part.

Diantre!

GUSTAVE, à part.

Il a un accent qui ferait très-bien dans un vaudeville; mais je crois que l'accent alsacien est encore plus spirituel.

LE GENDARME.

Je m'en vais demander à ces messieurs leur nom... Et d'abord (montrant Victor), qui est monsieur?

LE COLONEL.

Je le connais, c'est M. Eugène Scribe, de l'Académie française.

LE GENDARME.

Du moment que vous le connaissez, colonel... Et celui-là?

(Montrant Florville, qui se fait petit.)

GUSTAVE, au gendarme.

Chut! c'est M. Eugène Scribe, de l'Académie française.

LE GENDARME.

Alors c'est son frère. Vous le connaissez?

GUSTAVE.

Parfaitement; je réponds de lui.

GERMONT.

Mais attendez donc! celui que vous cherchez, c'est ce bavard qui criait toujours qu'il s'appelait Victor Durousseau; j'aurais parié que ce n'était pas son nom, il le répétait trop souvent.

VICTOR.

D'abord, je puis vous assurer qu'il ne s'appelle pas Victor Durousseau.

LE COLONEL.

Mais alors, qui est-ce ?

GERMONT.

C'est quelque intrigant, pour sûr.

GUSTAVE.

C'est quelque mauvais plaisant.

TOUS ENSEMBLE.

C'est lui ! c'est lui !

LE GENDARME, avec conviction.

Ça doit être lui. Où est-il ?

SCRIBE, s'avançant.

Est-ce moi que vous demandez ?

TOUS.

C'est lui ! c'est lui !

LE GENDARME.

Comment vous appelez-vous ?

SCRIBE.

Eugène Scribe. (Mouvement général de stupéfaction. — A part.) Et il y a des gens qui nient la gloire !

LE GENDARME, insistant.

De l'Académie française ?

SCRIBE.

De l'Académie française.

LE GENDARME, vexé.

Et qu'on ne se moque pas comme ça du monde! et que, si on les écoutait, ils seraient tous de l'Académie! et que ça n'est pas possible! et que je vous arrête!

SCRIBE, tirant de sa poche un passe-port.

Voulez-vous lire?

LE GENDARME, lisant.

« Eugène Scribe, talent moyen, plaisanterie rare, style châtain clair, etc. Signes particuliers : de l'Académie française. » C'est bien cela.

SCRIBE.

Et maintenant, puisque les qualités sont connues (il va prendre Gustave et Emmeline par la main), je crois que voilà deux jeunes gens que nous pourrions unir pour le dénoûment. Avez-vous vos manuscrits?

GERMONT, à Scribe.

Laissez donc; ses pièces sont détestables, vous n'en ferez jamais rien.

SCRIBE, à demi-voix, à Germont.

Mon Dieu, si; en les refaisant d'un bout à l'autre...

GERMONT.

Et vous le laisserez signer?

SCRIBE.

Sans doute.

GERMONT.

Il vous devra une reconnaissance...

SCRIBE.

Sur laquelle je ne compte point. Les journaux diront tous que je l'ai volé; il les laissera dire et finira par le croire.

LE GENDARME.

Mais mon homme; il me faut mon homme! Il s'agit de cinq cents francs...

SCRIBE.

On les payera sur le premier vaudeville de M. Gustave... Je veux que tout le monde soit heureux aujourd'hui.

VICTOR et FLORVILLE.

Que de bontés!

MADAME MELCOURT.

Et vous, colonel, voulez-vous l'être?

(Elle lui tend la main.)

LE COLONEL.

Ah! madame!... Mais il nous faudrait un couplet final. Allons, brigadier, un couplet.

LE GENDARME.

Que dois-je leur dire, colonel?

LE COLONEL.

Eh! prie ces messieurs d'applaudir.

LE GENDARME.

AIR de *la Robe et les Bottes.*

Que c'est affaire de service ;
Que mon colonel a raison ;
Que j'entends que l'on applaudisse,
Ou que je vous fourre en prison.

TOUS.

Que dit-il là? que dit-il là?

MADAME MELCOURT, s'avançant, au public.

Messieurs, ne soyez point hostiles ;
Car il serait contre tous droits
Que le dernier des vaudevilles
Tombât pour la première fois.

TOUS ENSEMBLE.

Que le dernier des vaudevilles
Tombât pour la première fois.

(La toile tombe.)

FIN.

TABLE

	A M. Émile Chevé	1
	Préface	3
I.	— Maîtresse — Amant	11
II.	— Bohème — Philistins. (*Fragment d'un voyage autour du monde.*)	20
III.	— Bourgeois	30
IV.	— Caprice — Toquade	38
V.	— Carré — Carrément. Lettre à madame Sand	47
VI.	— Chic, chicment ou chiquement — Infect, infection	53
VII.	— Bien-être — Confort	62
VIII.	— Concierge — Portier	72
IX.	— Distingué — Distinction	83
X.	— Domestique	92
XI.	— Éreinter — Éreinteur — Éreintement	107
XII.	— Édile. — Conseiller municipal. (*Humble et courte requête d'un conseiller municipal à Messieurs de l'Académie française.*)	115
XIII.	— Excentricité — Ridicule	118
XIV.	— Un homme fort, légende biblique. (*Fragment.*)	133
XV.	— Honnête homme — Homme de bonne compagnie — Espèce — Malotru — Coquin	139
XVI.	— Jeune homme — Adolescent — Bébé	145
XVII.	— Mots — Faire des mots	160
XVIII.	— Naturel — Nature — Réaliste	169
XIX.	— Pittoresque — Illustré	175
XX.	— Providentiel — Un hasard providentiel	179

XXI.	— Prudhomme...	187
XXII.	— Raisonnable — Rationnel — Rationaliste...........	198
XXIII.	— Réclame — Puff et puffiste (annonces).............	206
XXIV.	— Réglementation...	222
XXV.	— Sérieux...	236
XXVI.	— La société...	246
XXVII.	— Tempérament...	252
XXVIII.	— Vaudeville...	262
	Les trois Scribe..	265

FIN DE LA TABLE.

Paris. Imprimerie PILLET fils aîné, rue des Grands-Augustins, 5.

www.ingramcontent.com/pod-product-compliance
Lightning Source LLC
Chambersburg PA
CBHW071239160426
43196CB00009B/1120